中学校 国語科

主体的・対話的で深い学びを実現する

授業&評価スタートガイド

―新しい観点を取り入れた資質・能力を育む指導―

田中洋一 編著

明治図書

はじめに

　次期学習指導要領が示され（平成29年３月31日告示），新しい国語教育の在り方が見えてきました。その総則には，次のような内容が示されています。

　「略－　主体的・対話的で深い学びの実現に向けた授業改善を通して，創意工夫を生かした特色ある教育活動を展開する中で，次の(1)から(3)までに掲げる事項の実現を図り，生徒に生きる力を育むことを目指すものとする。」

　つまり私たち教師は，「主体的・対話的で深い学び」の実現を目指して授業改善をしなくてはなりません。そして実現を図る内容として，次のようなことが示されています。

(1)基礎的・基本的な知識及び技能を習得させる。
(2)課題を解決するために必要な思考力，判断力，表現力等を育成する。
(3)主体的に学習に取り組む態度を養う。

　また，個性を生かし多様な人々との協働を促す教育の充実に努めること。生徒の発達の段階を考慮して，生徒の言語活動など，学習の基盤をつくる活動を充実すること。生徒の学習習慣が確立するよう配慮することも求められています。
　このように，新学習指導要領は，知識及び技能の習得と，思考力・判断力・表現力等の育成と，主体的に学習に取り組む態度の育成をバランスよく行うことを求めているのです。そしてこの方針は現行学習指導要領から一貫したものといえます。

　そこで本書は，主体的，対話的で深い学びを実現するための具体的な提案をします。これらは，生徒が主役の授業で実現するというのが基本的な考えです。生徒が意欲をもって学習できるように教師は授業を工夫します。理解の領域で言えば，書かれている内容を正しく理解することにとどまらず，書かれている内容について，評価，吟味，選択，補充などをする活動を取り入れ，十分考えさせます。また，表現の領域では，相手意識や目的意識をもって内容や形式を工夫させます。このように言語活動を通して，生徒にクリティカルシンキングさせることで，生徒の主体性を引き出し，深い学びを実現する事例を提案しました。
　また，本書では，新しい評価の在り方についても示しています。今回の学習指導要領では，指導事項が「知識・技能」と「思考・判断・表現」に分けて示されています。この方針から考えれば，観点別評価の観点も変更されることが予想されます。国語科における観点別評価は，

平成元年版の学習指導要領の実施のときから，他教科とは異なる独自の観点で行われてきましたが，今後は，「知識及び技能」と「思考力・判断力・表現力等」を明確に分けたものになるでしょう。まだ文部科学省から評価についての正式な発表はありませんが，本書では学習指導要領に示された基本的な方針を受けながら私共の独自な見解で新しい評価の考え方と方法を提案しています。

　本事例の執筆に当たっているのは21世紀国語教育研究会の会員たちです。現在会員数約140名，主に中学校の国語教育に関わる気鋭の先生方の集まりです。今回，本書のテーマに合った実践的な事例を提供しています。本書が生きる力を育てる全国の国語教育実践者の方々のお役に立つことを願っています。

　なお，本書を刊行するに当たり，明治図書出版の林 知里氏，足立早織氏に企画・編集など様々な面でご尽力をいただきました。厚く御礼を申し上げます。

平成29年11月

編著者　田中　洋一

CONTENTS

はじめに

Chapter 1

育成すべき資質・能力を踏まえた課題解決型の授業&評価とは
―新学習指導要領が求める学力と学習評価―

1. 新学習指導要領が育成を目指す学力と授業……………………………………………8
2. 国語科の評価についての考え方…………………………………………………………10
3. 新学習指導要領における学習評価の考え方……………………………………………13
4. 評価を生かした授業のための留意点……………………………………………………13

Chapter 2

育成すべき資質・能力を踏まえた課題解決型の授業&評価モデル

―――――――――――― 第1学年 ――――――――――――

〈話すこと・聞くこと〉

1　相手や目的に応じて効果的なスピーチを考えよう…16
　　「好きなもの」を紹介しよう―スピーチをする

〈書くこと〉

2　課題に対して，集めた材料を整理し，調べた内容を相手にわかりやすく伝えよう…22
　　調べたことを報告しよう―レポートにまとめる

〈読むこと〉

3　『少年の日の思い出』の読みを通して，自立した読み手になろう…28
　　少年の日の思い出

4　詩の言葉が作る世界を想像しよう…34
　　四季の詩

5　文章と図表を読んで新たな研究課題を発見しよう…40
　　　スズメは本当に減っているか
6　『竹取物語』の面白さを〇〇に伝えよう…46
　　　蓬莱の玉の枝—「竹取物語」から

───────────── 第2学年 ─────────────

〈話すこと・聞くこと〉

1　人は何のために働くのか，自分の考えと比べながら，
　　友達のスピーチを聞いて，働くことの意義について考えよう…52
　　　話を聞いて自分の考えと比べる

〈書くこと〉

2　自分の立場を明確にし，反対意見を想定しながら自分の考えを相手に伝えよう…58
　　　反対意見を想定して書こう—意見文

〈読むこと〉

3　話合いで自分の考えを深めよう〜「走れ」に込められた思い〜…64
　　　走れメロス
4　『最後の晩餐』に対する評価について考え，
　　他者と交流して自分の見方・考え方を深めよう…70
　　　君は「最後の晩餐」を知っているか
5　兼好法師になりきって「現代版『徒然草』〜中学生編〜」を書こう…76
　　　仁和寺にある法師—「徒然草」から

〈言語〉

6　副詞の種類と特徴，用法を理解し，場面に応じて適切に使おう…82
　　　文法への扉1　単語をどう分ける？（副詞の働き）

───────────── 第3学年 ─────────────

〈話すこと・聞くこと〉

1　課題解決に向けて会議を開く…88
　　　話し合って提案をまとめよう

〈書くこと〉

2　広告のキャッチコピーを批評しよう〜効果的な表現の仕方について考える〜…94
　　広告を批評する

〈読むこと〉

3　小説を読み比べ，「人間とは○○な生きものである」と表現してみよう…100
　　高瀬舟

4　文語詩の言葉の響きやリズムを味わい，自分の思いをこめて朗読しよう…106
　　初恋（文語詩のリズムや言葉を捉える）

5　文章を読み比べ，筆者の主張をもとに自分の考えを深めよう…112
　　作られた「物語」を超えて

6　芭蕉はなぜ旅に出たのか〜ジグソー学習から作者の心情を読み取る〜…118
　　夏草―「おくのほそ道」から

Chapter 1

育成すべき資質・能力を踏まえた
課題解決型の授業＆評価とは
―新学習指導要領が求める学力と学習評価―

平成29年３月31日に，新しい中学校学習指導要領（以下新学習指導要領）が告示された。このなかの国語の内容は，これからの国語教育の方向性を示したものである。この学習指導要領によって，中学校の国語の授業はどのように変わるのか。そして，新しい学力観により学習評価はどのように変わるのか。この点について整理してみる。

１．新学習指導要領が育成を目指す学力と授業

新学習指導要領においても，「生きる力の育成」という方針は継続することになっている。これは，平成10年版学習指導要領から一貫している方針である。

①生きる力の育成

平成10年版学習指導要領の告示に先駆けて示された第15期中央教育審議会答申（1996年）で，21世紀に生きる子供たちに必要な力として，自ら課題を見つけ，自ら学び，自ら考えて解決する力，他人と協調する豊かな人間性，たくましく生きるための健康や体力を含む概念として「生きる力」が示された。これを受けて，平成10年版学習指導要領から，「生きる力」の育成が目標とされ，平成20年版学習指導要領（以下，現行学習指導要領）でも踏襲されている。そして，この方針は，現行学習指導要領を経て，新学習指導要領でも継続されることになったのである。

「生きる力」は，当時目前に迫っていた21世紀を生き抜くための力であった。21世紀は情報化社会であり，変化の激しい社会である。また長寿社会や高学歴社会も実現されてきている。長寿社会は，多くの人たちにとって学校を卒業した後の人生が長いことを意味する。学ぶに都合のよい学校という環境を出て，不明なこと，解決しなくてはならないことを，自分の力で解決することが多くなる。学校で学んだことを，貯金を引き出すように使いながら生きていくだけでは対応できない社会になったのである。

また，高学歴社会は義務教育自体の性格を変えることになる。昭和30年頃は中学校卒業生の約４割が直接就職をしていた。したがって，この時代は，社会に出てすぐに大人と一緒に働ける人を育ててほしいという社会的要請があったのである。中学校を卒業する子供たちはまだ大人ではないが，大人社会で即戦力として働くことが求められ，そのための教養としての知識，礼儀，勤労精神等を身に付けることが優先されたのである。しかし現在は，高等学校への進学率はほぼ100％になり，高等学校卒業後も，大学，短大，専門学校等を含めると進学率は７割を越えている。義務教育で学びを終える子供はほとんどいなくなった。子供たちは上級学校や社会に出て，自分の好みや特質等に応じて選んだ専門分野について学んだり，その先に社会に出てからも学び続けたりすることになった。そのための基礎力を義務教育学校で身に付ける必要があるのである。義務教育がそこで完成品を作る「完結型」から，上級の学びに向かう土台

を作る「リスタート型」に変容しているのである。

　21世紀という変化が激しい，それ故に可能性に富んだ社会を生きるために，知識の量だけに偏らない学力が必要である。「21世紀型学力」という言葉があるが，これは多様性社会に柔軟に対応する能力や，実際に使える知識をもった学力である。その育成のためには，各教科で考えさせる授業をすることが必要であるが，そのために新学習指導要領は，思考・判断の力を育成するための指導事項を独立させて示している。

②学校教育法に示された学力

　戦後の国語教育の変遷は，学習者中心主義に始まったが，それが学力低下論によって覆されるということが繰り返され，その結果として，不毛な教育論争が続いたのである。そこで，学校教育法が改正され，学校で育てる学力が明示された。学校教育法には新たに次のような学力観が示された。

　「前項の場合においては，生涯にわたり学習する基盤が培われるよう，基礎的な知識及び技能を習得させるとともに，これらを活用して課題を解決するために必要な思考力，判断力，表現力その他の能力をはぐくみ，主体的に学習に取り組む態度を養うことに，特に意を用いなければならない。」（学校教育法第30条第2項）

　この第30条第2項は「小学校教育の目標」について示した項であるが，同条49条で中学校教育においてもこれを準用せよとあるので，小中共通の目標であるといえる。つまり学校で育てる力は「基礎的な知識・技能」「思考力・判断力・表現力等」「主体的な学習態度」である。現在はこれを，学力の三要素という。この三要素はどれも大事であることが示されたことにより不毛な教育論争には終止符が打たれたのである。

　学力の三要素は，相互に関連して伸張する。知識がなければ適切に考えることはできないし，考える力がなければ知識は適切に使えない。また課題を解決しようとする向上心や知的好奇心に裏付けられた主体的な学習態度がなければ，知識や思考力は宝の持ち腐れになるだろう。このように大切なのは教育のバランスである。学力の三要素の育成は現行学習指導要領の総則にも明記されており，学校教育の大きな目標となっている。この方針を新学習指導要領は踏襲した上に，指導事項を「知識及び技能」と「思考力・判断力・表現力等」に分けて示すことで，授業者の指導目的に関する注意を喚起している。

　これらの三要素を日本の子供の実態と重ねて評価すると次のようになる。「基礎的な知識・技能」の習得においては合格点であり，課題を解決するための「思考力・判断力・表現力」の育成は不十分，「主体的な学習態度」を支える学習意欲については，意欲のある子供とない子供に二極化しているとされている。実際に，これらの傾向は，国際的な学力調査である PISA 調査でも明らかになっている。日本の子供たちは，授業で教えられたことがそのまま出題されるテストには強いが，自分の考えを自分の言葉で表すことは苦手であるという傾向があったの

である。これは最近の調査では改善されているとはいうものの日本の教育の大きな課題である
といえよう。

③学習意欲の向上

　学力の三要素である「主体的な学習態度」を育てる方法としては，次のような過程が大切である。生徒が学習において，ちょっとした努力をする。その結果，それまでわからなかったことがわかったり，できなかったことができたりするようになり成就感を味わう。こういう体験の積み重ねが学習意欲を育て，主体的な学習態度を作ることになる。

　この場合，「ちょっとした努力」を引き出すような課題の設定が必要である。大きな努力が必要な課題では，大半の生徒が挫折するであろうし，努力を必要としない，例えば教科書から該当する部分を抜き出すような課題では，解決しても成就感は味わえない。

　十分な教材研究の結果を踏まえ，単元の中心に，生徒が工夫，判断，選択，評価等の活動をできる課題を設定することが大切である。

④アクティブ・ラーニング

　「アクティブ・ラーニング」は，新学習指導要領に文言は使用されていないが，新学習指導要領が育成を目指す学力を育てるのに相応しい学習といえる。これは「教員による一方向的な講義形式の教育とは異なり，学修者の能動的な学修への参加を取り入れた教授・学習法の総称」（大学教育改革の答申，2012年8月「用語集」）と定義される。このように特定の学習形態を指すのではなく，あくまで生徒が主体的に取り組む学習の総称である。国語科の場合，生徒が主体的に取り組むとは，生徒自身が自分で考えるということとほぼ同義と考えてよいであろう。

2．国語科の評価についての考え方

　新学習指導要領の実施にあたり，評価についての考え方も変わる。そのことを説明する前に，国語科の評価についての考え方を改めて整理する。

　現在の評価は基本的に「目標に準拠した評価」で行われるが，これは，平成元年告示の学習指導要領の実施にあたり，平成3年に生徒学習指導要領が改善されたときに「観点別学習状況の評価」の評価方法として示されたものである。この評価は，従来，学校教育（内申点を重視していた中学校では特に）で主流であった相対評価に代わり，中心的な評価方法として定められたのである。「目標の実現状況」については，十分に満足できる状態をAとし，おおむね満足できる状態をB，努力を要する状態をCとすることも示された。

　このときの各教科の基本的な観点は，次の四点である。

「関心・意欲・態度」「思考・判断」「技能・表現」「知識・理解」

　これを受けて，国語科でも教科の観点が定められたが，母語教科である国語科では，「思考・判断」「技能・表現」「知識・理解」を明確に分けることは難しいとされ，次の四観点が定められた。

「国語への関心・意欲・態度」（「表現の能力」「理解の能力」）「言語についての知識・理解・技能」　（　　　）内は単元によって選択

　「表現の能力」「理解の能力」については，平成元年版学習指導要領国語において，指導事項が「表現」と「理解」という領域で示されていたことからこのように設定された。いずれにしても，この段階で国語科は，他の教科とは異なる解釈で観点を設定したことになる。

　平成10年版学習指導要領では，この観点別学習状況による評価を一層重視するとともに，総括的評価である評定も従来の「絶対評価を加味した相対評価」から「目標に準拠した評価（いわゆる絶対評価）」で行うよう改められた。この学習指導要領では，国語科の指導事項が「話すこと・聞くこと」「書くこと」「読むこと」の三領域で示されたので，それに伴い，国語科の評価の観点は，次のように改められた。

「国語への関心・意欲・態度」（「話す・聞く能力」「書く能力」「読む能力」）「言語についての知識・理解・技能」　（　　　）内は単元によって選択

　平成20年版学習指導要領の下で行われる学習評価では，評価の観点が改めて整理された。このことについては，学習指導要領の告示に先立ち，学校教育法が一部改正された（平成19年6月）ことが大きな影響を与えた。学校教育法で示された学習の三要素を受け，各教科の観点は次のように改められた。

「関心・意欲・態度」「思考・判断・表現」「技能」「知識・理解」

　この観点については，文部科学省初等中等教育局長通知「小学校，中学校，高等学校及び特別支援学校等における児童生徒の学習評価及び指導要録の改善等について」（平成22年5月）で説明されている。観点を説明している部分を要約すると次のようになる。

○「関心・意欲・態度」
　各教科の学習に即した関心や意欲，学習への態度等を評価の対象とする。

○「思考・判断・表現」

　ここでいう「表現」は，基礎的・基本的な知識・技能を活用しながら各教科の内容に即して考えたり，判断したりしたことを，児童・生徒の説明・論述・討論などの言語活動を通じて評価することを意味している。したがって，これまで「技能・表現」で評価していた「表現」とは異なる。

○「技能」

　それまでの「技能・表現」が評価の対象としていたものを引き継ぐことになった。従来の技能は，たとえば資料から情報を収集・選択して，読み取ったりする「技能」と，それらを整理したりまとめたりして表出する際の「表現」とを合わせた観点であった。平成20年版学習指導要領に合わせて設定された「技能」は従来の「技能」と「表現」とを合わせた観点として設定された。

○「知識・理解」

　各教科の重要な知識や概念を習得しているかどうかを評価の対象として設定された観点である。

　このように全体の評価の観点は変更があったが，国語科では前回同様の考えから，平成10年版学習指導要領と同じ観点となった。改めてその5観点を説明しておく。

○国語への関心・意欲・態度

　国語で伝え合う力を進んで高めるとともに，国語に対する認識を深め，国語を尊重しようとする。

○話す・聞く能力

　目的や場面に応じ，適切に話したり聞いたり話し合ったりして，自分の考えを豊かにしている。

○書く能力

　相手や目的，意図に応じ，筋道を立てて文章を書いて，自分の考えを豊かにしている。

○読む能力

　目的や意図に応じ，様々な文章を読んだり読書に親しんだりして，自分の考えを豊かにしている。

○言語についての知識・理解・技能

　伝統的な言語文化に触れたり，言葉の特徴やきまり，漢字などについて理解し，使ったりするとともに，文字を楷書で書き，漢字の行書の基礎的な書き方を理解して書いている。

3．新学習指導要領における学習評価の考え方

　前述したように，新学習指導要領では，指導事項が「知識・技能」と「思考・判断・表現」に分けて示されている。これは，学校教育法に示された学力の三要素を育成することを強く意識した示し方であるといえよう。新学習指導要領における観点別学習状況の評価の在り方はまだ示されていないが，基本的には，「知識・技能」「思考・判断・表現」「主体的に学習に取り組む態度」の三点を評価対象とすることに変更になると思われる。

　そして国語科も従来のような例外の教科ではなく，他教科と足並みを揃えることになるであろう。本書ではこの考えを先取りして，現行の教科書教材をこの三観点による評価を予定した展開，発問で授業するように設定している。

　観点別学習状況の評価は，当然のことながら評価の段階だけを意識すればよいのではなく，目標の設定の段階から観点を明らかにし，それに伴う教材や発問を用意する必要がある。従来の観点でなく，知識・理解と思考・判断を明確に分けた新しい観点は，授業者に育成したい生徒の力を明確に意識させることになろう。評価の改善を通して国語の授業そのものの改善がなされることが望ましいのである。

4．評価を生かした授業のための留意点

　最後に評価を改善して授業を充実させる留意点についてまとめておきたい。

①適切な評価計画を含む指導計画の立案

　目標に準拠した評価を行う際に，単元や単位時間の目標が網羅的で多すぎると評価は困難になる。また学習者も目標が多ければ逆に目標への意識が薄れ，結果としての達成感ももてなくなる。したがって精選した目標が必要であるが，そのためには必要な事項を適切に配置した指導計画が必要である。

②評価の客観性・信頼性の確保

　評価については，客観性を確保するために教師の主観をできるだけ排除する手だてとして判定の資料を数値化することが強く求められた時期があった。しかし，この考え方は，関心・意欲や思考・判断の力をみるのに適切とはいえない。これらは生徒の発言の質や，熟考の程度などを含む総合的な判断が必要であり，それらは教師による観察において得られる情報である。教師は安易に数値化の呪縛にとらわれることのないようにしたい。もちろん適正な評価のための工夫は必要である。例えば複数の評価資料を蓄積して行うポートフォリオ法や，評定尺度と評定指標によって評価するルーブリック法等が有効である。

また，個人内評価を組み合わせて評価の視点を多様にしたり，診断的評価，形成的評価，総括的評価を組み合わせて多様な時期に評価を行ったりすることなどが有効である。

③指導と評価の一体化

授業は計画，実践，評価という一連の活動を繰り返すことで行う。この際，評価の結果によってその後の指導を改善し，さらに新しい指導の成果を再び評価する。このような指導と評価の関係は授業の充実のために不可欠である。そのためには，形成的評価を充実させて生徒の習熟の状況を把握したり，生徒の努力の状況を認めたりすることが必要である。また生徒自身の評価能力を高め，自らの学習状況や成果を把握できるようにするために，自己評価や生徒同士の相互評価を活用することも有意義である。

なお，本書では国語科における知識・技能の範囲を新学習指導要領に示されたものより広めに解釈している。「文章内に書かれている内容を正しく読み取る」「伝えるべき事実を正しく伝える」等の事柄は「読むこと」や「話すこと・聞くこと」の基礎技能であるという考えに基づいている。それが我が21世紀国語教育研究会の考えである。しかしながら範囲こそ違うが，「知識・技能」と「思考・判断・表現」を明確に分けて指導したり評価したりするという文部科学省の考えとは同じ方向性を持っているものと考えている。読者の方々には混乱せず，その趣旨をご理解いただくようお願いする。

（田中　洋一）

Chapter 2

育成すべき資質・能力を踏まえた
課題解決型の授業&評価モデル

第1学年

1

相手や目的に応じて効果的なスピーチを考えよう

| 「好きなもの」を紹介しよう―スピーチをする | 光村図書 |

1．単元の目標

①伝える相手，場，目的に応じた話の構成や順序，話し方があることを理解する。

②話題について吟味し，決められた時間の中で効果的に伝えるスピーチの内容を考える。

③相手のスピーチを聞き，自らのスピーチを振り返るとともに，スピーチ内容から相手への理解を深めようとしている。

2．単元の概要と教材の特徴

　本単元は，スピーチに関する技術面の向上にとどまらず，スピーチを通して相手を理解し認め，尊重する態度へとつなげていこうとするところに特徴がある。これは新学習指導要領で求められる「主体的に学習に取り組む態度」を意識して設定した目標である。

　この教材では「好きなもの」という話題でスピーチをすることで，自分を知ってもらい，また相手を理解することを目的としている。教材ではその目的を達成する手段として，スピーチの技術面に主眼を置いているが，本単元ではその技術やスピーチの内容を互いに比較することで，相手を理解し認め，尊重する態度へと高めていけないかと考えた。

　本単元では，新学習指導要領の学力観に応じて①話の構成の仕方，話し方を学ぶ，②目的に応じて効果的に自分の考えが伝わるよう話を構成する，③交流を通して互いの理解を深めるという活動の流れを設定した。

3．評価規準

知識・技能	思考・判断・表現	主体的に学習に取り組む態度
・目的や相手，場に応じた話の構成や話し方について理解している。 ・話し言葉と書き言葉の違いを意識しながら，スピーチ原稿をつくっている。 ・場や相手に応じた話し方を理解している。	・話題について多様な視点から考え，交流を通して得た意見も取り入れて考えている。 ・取り上げる事柄や話す順番について，限られた時間の中で相手に効果的に伝わるようにスピーチの構成を工夫している。	・スピーチの交流や発表会を通して，相手のスピーチから話の構成や話し方を学び，自らのスピーチに生かそうとしている。 ・相手のスピーチ内容から相手を理解しようとしている。

４．アクティブ・ラーニングの視点及び言語活動と評価のポイント

①単元の中心となる言語活動

　新学習指導要領第１学年「話すこと・聞くこと」の指導事項イ「～話の中心的な部分と付加的な部分，事実と意見との関係などに注意して，話の構成を考えること。」に基づきスピーチをし，また相手のスピーチを聞くことで相手への理解を深めようとする態度に発展させることを目的とした。達成するためには，言語活動に次のような段階を設けることが必要であると考えた。

（１）スピーチの例文を参考に，話の構成の仕方や事柄の選択の仕方を学ぶ。

（２）自分の「好きなもの」について多様な視点から考え，「自分のことを友達にもっと知ってもらう」ために効果的な話題の選択や構成を考える。

（３）スピーチを互いに聞き合い，話の構成の仕方や話し方などを比較し，自らのスピーチに生かす。また，相手のスピーチのよさを見つけ，話の内容から相手の意外な一面などを発見し理解を深める。

②授業改善のためのアクティブ・ラーニングの視点

　この授業では，相手のスピーチと自分のスピーチを比較することで，相手への理解を深めたり尊重したりすることにつなげたいと考えている。比較するためには，スピーチの組み立て方，話題の取り上げ方などについて自分の意見をもっていなければならない。そのために，先に述べた（１），（２）の活動はおさえたい。（３）の活動では，相手のスピーチのよさや理解が深まったことを単純にワークシートに書いて終わりにするのではなく，あらかじめ練習会でスピーチを聞いてくれた友達に発表前にスピーチのよい点を紹介させたり，発表後に感想を言わせたりするなど，対話的な学びを通して聞く側も主体的になれるように工夫する。

③観点に応じた指導のポイント

・目的に合わせた話の構成や話題の取り上げ方，話し方について理解させ，実際に自分のスピーチの中で生かすよう助言する。**（知識・技能）**

・話し言葉と書き言葉の違いを意識させながらスピーチ原稿を書かせる。**（知識・技能）**

・「自分のことをもっと知ってもらう」という目的を強調し，それに合った話題を多様な観点から考えさせる。**（思考・判断・表現）**

・相手や場を意識し，限られた時間の中で効果的に伝わる構成や順序を考えることの重要性を意識させ，スピーチの組み立てに生かさせる。**（思考・判断・表現）**

・スピーチの練習会や発表会を通して，聞くことの重要性を理解させ，相手のスピーチのよいところを見つけるように助言する。**（主体的に学習に取り組む態度）**

Chapter 2　育成すべき資質・能力を踏まえた課題解決型の授業＆評価モデル　**17**

5．単元の指導計画

時	学習活動	指導上の留意点	主な評価規準と評価方法
1	・単元のねらいを確認する。 ・形式段落ごとにバラバラになったスピーチの例文を並べ替え，一番伝えたいことが伝わるスピーチについて考え，グループで交流する。 ・発表者が一番伝えたかったことはどんなことか，スピーチに足りない事柄がないか，自分だったらどのような事柄を入れるか，グループで交流する。	・目的をしっかり確認する。 ・グループ活動の時は，個人→グループ→個人という活動の流れにし，思考を深めさせる。	・ここで出てきた意見が，今後のスピーチ評価の観点になっていくことを確認する。 ・目的に合わせた話の構成や話題の取り上げ方，話し方について理解している。（知）【観察・ワークシート】
2	・「好きなもの」についてイメージマップを使って考える。 ・自分についてより理解が深まりそうな事柄・出来事をイメージマップの中から選択する。 ・選択した事柄や出来事について，第1時で確認した構成を意識しながらメモをつくる。	・自分のよさについて触れるスピーチであることを確認し，好きなものでもマイナス面につながるような内容や事柄にならないよう，気をつけさせる。 ・メモは話し出しと簡単な内容を書く程度にとどめる。	・「自分のことをもっと知ってもらう」という目的に合った話題を様々な観点から考えている。（思）【ワークシート】 ・相手や場を意識し，限られた時間の中で効果的に伝わる構成や順序を考え，スピーチに生かしている。（思）【観察・ワークシート】
3 （本時）	・グループ（4人程度）でスピーチ練習会をする。 ・あらかじめ用意した観点（構成や順序，話し方等）をもとに，助言し合う。イメージマップなどへの助言も行う。 ・助言をもとにスピーチを作り直す。 ・再び練習をする。 ・誰が誰の発表の紹介をするのか，担当を決め，紹介内容について考える。	・練習会では，スピーチに使ったイメージマップやメモもグループ全員に見せる。 ・自分のスピーチと比較し，取り入れたい技術や，相手について理解が深まった点をしっかりと分析させる。 ・スピーチの紹介では，内容を話しすぎ，発表自体に魅力がなくならないよう，注意させる。	・相手や場を意識し，効果的に伝わる構成や順序を考え，スピーチに生かしている。（思）【観察・ワークシート】 ・スピーチ練習会を通して，相手のスピーチと自分のスピーチを比較し，相手のスピーチのよいところを見つけ自らのスピーチに生かそうとしている。（主）【観察・ワークシート】
4	・クラス全員の前でスピーチ発表会を行う。 ・発表者の前に紹介者が聞いてもらいたい点について発表する。 ・発表者が1分以内で発表する。 ・聞き手は自分のスピーチに生かしたい点，友達の知らなかった一面，よい一面についてメモをとる。 ・すべてのスピーチが終わった後，全体を通して感じたことをまとめる。	・時間によっては，いくつかのグループ毎に発表させるなど，工夫する。 ・観点をもってスピーチを聞いたり，自分のスピーチと比較することで，考えが深まったり，相手への理解が深まっていることを確認する。	・スピーチの発表会を通して，相手のスピーチと自分のスピーチを比較し，相手のスピーチのよいところを見つけ自らのスピーチに生かし，相手を尊重する態度につなげようとしている。（主）【観察・ワークシート】

6．本時の指導案（4時間扱いの3時間め）

1．目標
・練習会を通して友達のスピーチのよいところを自らのスピーチに生かし，スピーチ発表会本番の準備をする。
・友達のスピーチを通して友達への理解を深め，発表会本番でそのよさを紹介する準備をする。

2．評価規準／評価方法
・相手や場を意識し，効果的に伝わる構成や順序を考え，スピーチに生かしている。（**思考・判断・表現**）【**観察・ワークシート**】
・スピーチ練習会を通して，相手のスピーチと自分のスピーチを比較し，相手のスピーチのよいところを見つけ自らのスピーチに生かそうとしている。（**主体的に学習に取り組む態度**）【**観察・ワークシート**】

3．展開

時間	学習内容	評価規準と評価方法
導入	・本時の学習の目標を確認し，授業の見通しをもつ。	
展開	・4人1グループにわかれ，グループごとに発表者全員のイメージマップとスピーチメモのコピーを配る。	
	目標　発表者が一番伝えたいことが伝わっているか，話の構成や順序，話題の取り上げ方などを中心に助言する内容を考えよう。	
	・発表者はスピーチを通して一番伝えたいことが何か，あらかじめ聞き手に伝えてから，スピーチをする。（1人1分） ・聞き手は自分のスピーチメモやイメージマップと比較しながらスピーチを聞く。第1時に考えた観点に照らし合わせて助言する。（助言を考える時間を少しとる） ・助言を参考にして自分のスピーチを修正する。	・相手や場を意識し，効果的に伝わる構成や順序を考え，スピーチに生かしている。（思）【観察・ワークシート】
	自分のスピーチと比較して気が付いた友達のスピーチのよさや，スピーチを通して理解が深まった点を，本番でのスピーチ紹介に生かそう。	
	・修正後のスピーチを再び発表しあう。 ・修正後に気が付いたスピーチのよさ，理解が深まった点について聞き手は発表する。 ・本番で誰のスピーチを誰が紹介するか，決める。	・スピーチ練習会を通して，相手のスピーチと自分のスピーチを比較し，相手のスピーチのよいところを見つけ自らのスピーチに生かそうとしている。（主）【観察・ワークシート】
まとめ	・本時の授業を振り返り，目標を達成できたかを確認する。	

Chapter 2　育成すべき資質・能力を踏まえた課題解決型の授業&評価モデル　19

7．指導の実際

第1時に使用するスピーチ例

①私の好きなものは「バスケットボール」です。

②私は今，バスケットボール部に所属しています。

③中学校に入学して，部活動体験で先輩方がプレイしているのを見て，自分もできるようになれたらなぁと憧れたのがきっかけでした。

④この間，初めて試合があったのですが，私は出ることができませんでした。同じ1年生でも試合に出られた人がいたのに，私はどうして出られないのだろうと悲しくなりました。練習が嫌になることもありました。

⑤先輩は，「練習した分，必ず結果はついてくる」と私を励ましてくれます。先輩と練習をしていると，くじけそうになる気持ちもどこかにいってしまい，バスケットボールが楽しくてたまらなくなります。私はバスケットボールが好きなんだなぁと実感できます。

⑥いろいろと辛いことはありますが，早く憧れの先輩に近づけるように，そして憧れてもらえる先輩になれるように，「好き」という気持ちを大切に頑張りたいです。

⑦これで私の発表を終わります。ありがとうございました。

ワークシート

「好きなものを紹介しよう」ワークシート

【目標】　スピーチ発表会の準備をしよう。

①スピーチメモをつくろう。

【イメージマップ】

好きなもの

【スピーチメモ】

②友達のスピーチから学ぼう。

氏名	自分のスピーチに生かしたい点	相手の理解が深まった点

8．思考・判断の力を育てる指導の工夫と振り返り

思考力・判断力・表現力等の力を育成していくためには，生徒が主体的に学び，対話を通して思考を深めていくことができるような仕掛けが必要である。今回の単元では次のような工夫をしている。

①スピーチの型を自ら考える（第1時）

スピーチ原稿などは，こちらから型を提示しがちだが，どのような構成や事柄の取り上げ方をしたら効果的なのか，自分たちで考えさせたい。そこで7で示したスピーチ例文を形式段落ごとにバラバラにし，並べ直させたり，話し合わせたりするなどして，説得力のある構成や順序について主体的に考えていけるようにした。例文では接続詞などを極力省き，いくつかのパターンで並び替えられるようにしている。

②シンキングツールを使った思考の整理（第2時）

スピーチ内容をまとめていく上で，どのような事柄を取り上げていくか，ワークシートなどで思考を誘導しがちだが，イメージマップなどのシンキングツールを使うことで，関係ある事柄を結び付けたり，説得力ある事柄を選びだしたりなど自ら工夫して思考を視覚化し整理しなければならない場面を設定した。思考を整理する手段の一つとしてシンキングツールを活用する体験を取り入れている。

③対話を通して考えを深める（第3・4時）

今回の主たる活動は，相手と自分のスピーチを比較することで，相手のスピーチのよい点を自分のスピーチに生かしたり，相手のよさを見つけることで相手への理解を深めたりするところにある。これらの活動を通して，対話の意義を実感し，積極的にこれからの生活に取り入れていこうとする態度へとつなげていきたい。

今回の単元では，お互いの考えを話し合ったり，イメージマップを見せ合ったり，スピーチを聞くことを通して考えを深めていく活動など様々な形での対話を組み込んできた。思考を広げたり深めたりしていく対話の手段は話合いだけではなく，様々な形があることも意識しておきたい。

振り返りとしては，今までもっていた知識の上に新たに何を学び，その学びを今後どう生かしていくのか，という視点をもって自己評価をさせたい。間の取り方や言葉の調子，速さなどに関しては既習事項であり，中学校ではそれらの知識を生かして話すことが求められている。話の順序や構成を工夫していくことで，さらに話が伝わりやすくなること，わかりやすくなること，対話という行為は相手を深く理解する有効な手段であるということに気付き，様々な場面で積極的に用いようとする態度へとつながっていくことを期待している。

（大橋　里）

第1学年
第2学年
第3学年

第1学年

2

課題に対して，集めた材料を整理し，調べた内容を相手にわかりやすく伝えよう

| 調べたことを報告しよう―レポートにまとめる | 光村図書 |

1．単元の目標

①レポートの書き方を理解し，集めた材料を整理しながら，構成に沿って文章をまとめる。
②相手に調べた内容がわかりやすく伝わるように，集めた材料の情報を吟味し，情報の関係性を生かして，文章を組み立てる。
③言葉を通じて，自分のものの見方，考え方を深めようとするとともに，考えを伝え合うことで，自分の考えを発展させようとする。

2．単元の概要と教材の特徴

　新学習指導要領国語科で育成を目指したい力の一つである「創造的・論理的思考」力は21世紀を生きる生徒に必要な力である。課題に対して，集めた材料を整理し，調べた内容が相手にわかりやすく伝わるように構成を考えて書く「レポート」作成は，論理的な思考の力を育てることのできる活動である。今回は「課題設定や取材」「構成」に重点を置いた授業を展開する。既習の稲垣栄洋氏『ダイコンは大きな根？』をもとに，「これまで気付かなかった野菜のふしぎ」を級友に紹介するという課題で，レポートを作成する。ダイコンについて学んだ後，他の野菜ではどうなのかを調査することで，生徒にとって取り組みやすく意欲的な活動が期待できる。また，相手意識・目的意識をもたせ，集めた材料の選択や示し方（図・表），構成などについて，相手にわかりやすく伝わる文章を書くための工夫をさせる。

3．評価規準

知識・技能	思考・判断・表現	主体的に学習に取り組む態度
・レポートの書き方を理解し，集めた材料を整理しながら，適切な文の構成・順序で書いている。 ・読み手に内容が伝わるように，適切な語句を選択して使っている。	・相手に調べた内容がわかりやすく伝わるように，集めた材料の情報と情報の関係性を吟味・構築しながら，文章を組み立てている。	・言葉を通じて，自分のものの見方，考え方を深めようとするとともに，考えを伝え合うことで，自分の考えを発展させようとしている。

4．アクティブ・ラーニングの視点及び言語活動と評価のポイント

①単元の中心となる言語活動

　「レポート（報告文）」は，自分の体験，見聞，研究，調査などを特定の人物に伝える文章の形式である。したがって，本来何のために文章を書くのか，誰に向けて書くのかが明確なものであるので，レポート作成は「相手意識・目的意識」をもって活動を行える。

　ここでは，既習の稲垣栄洋氏『ダイコンは大きな根？』をもとに，まずは，レポートの型にまとめ直すことで，説明的文章等に用いられる論理の展開を確認する。次に，その論理の展開を活用しながら，内容に示された「これまで気付かなかった野菜の不思議」を級友に紹介するという課題で，レポートを作成する活動を行う。

②授業改善のためのアクティブ・ラーニングの視点

　普段目にする野菜の，日常では気付かない不思議な点を課題とすることで，学習者が主体的に取り組む動機づけとしたい。既習教材『ダイコンは大きな根？』で学んだ，説明的文章等に用いられる論理の展開を活用することで，身に付けた力や知識をどう使っていくかという意識付けとなり，主体的な学習がさらに前進していくと考えられる。

　また，「レポート（報告文）」を書く場合，明確な「相手意識・目的意識」のもと取り組ませることで，より主体的な学習活動になる。級友に対してわかりやすく紹介するためには，論理的に文章を組み立てることが必要になる。

　さらに，学習者は，互いに調べた野菜について紹介し合う。対話的な学びを通して論理的な展開や情報の選択，順序など，構成が適切でわかりやすい文章となっていたかをお互いに評価することで，ものの見方や考え方を深め，新たな視点を獲得していく。最終的に，振り返りを位置づけることによって，身に付けた力や今後の課題を明確にし，「できた」「わかった」という達成感をもつことができ，それが，次回の書く活動への動機づけとなっていく。

③観点に応じた指導のポイント

・示されたレポートの型に従って，集めた材料を整理して書かせる。（**知識・技能**）
・読み手に対して適切な語句を選択して文章を書くよう指導する。（**知識・技能**）
・読み手に調べた内容がわかりやすく伝わるように，集めた材料の情報と情報の関係性を吟味・構築しながら，文章を組み立てるよう指導する。（**思考・判断・表現**）
・他者と考えを伝え合うことは，自分の考えを発展させる効果があることを意識させる。（**主体的に学習に取り組む態度**）

Chapter 2　育成すべき資質・能力を踏まえた課題解決型の授業＆評価モデル　23

5．単元の指導計画

時	学習活動	指導上の留意点	主な評価規準と評価方法
1	・「調べた内容が相手にわかりやすく伝わるレポートを書こう」という目標を提示する。 ・既習教材『ダイコンは大きな根？』の文章の一部をレポートの型に書き直してみる。 ・知っている野菜を書き出して，グルーピングする。 ・調べてみようと思う野菜を決める。	・レポートを書く目的，書く相手，何のために書くのかを確認し，学習全体の見通しをもたせる。 ・レポートの型を知り，それが，論理的な思考の順序によっていることを確認させる。 ・観点（根・茎・葉・花・実など）を示し，取り組みやすくする。 ・課題（疑問）をもてそうな野菜を選ばせる。	・レポートの書き方を理解している。（知）【ワークシート】
2	・調査して課題を解決するための材料を集める。	・インターネット・図書を活用し，課題の対象となった野菜の情報を，学習プリントに書き出させる。（インターネット・図書両方を使って調べられる環境を整える。図書はある程度の冊数を事前準備しておけるとよい）	・レポートの課題を解決するための情報を集め，書き出している。（知）【ワークシート】
3 （本時）	・集めた材料を整理する。 ・集めた材料の情報と情報の関係性を考え，書く順序，構成を考えながら並べる。 ・構成案をもとに，レポートを書く。	・使うもの，使えたら使うもの，使わないものなどに分類させる。 ・第1時で学習した，レポートの型を参考に，構成を考えながら並べさせる。 ・構成案をもとにレポートを書かせる。	・相手に調べた内容がわかりやすく伝わるように，集めた材料の情報と情報の関係性を吟味・構築しながら，文章を組み立てている。（思）【ワークシート】 ・レポートの型に従って，集めた材料を整理しながら，文の構成・順序を考えて書いている。（知）【ワークシート】
4	・書いた意見文を再検討する。（推敲）	・読み手に内容がわかりやすく伝わるように，適切な語句や構成になっているか推敲させる。	・読み手に内容が伝わるように，適切な語句を選択して使っている。（知）【ワークシート】
5	・書いたレポートをお互いに読み合い，材料の順序，構成などを含めてわかりやすいレポートになったか意見を交流する。 ・振り返りをする。	・グループで交流する。 ・聞く側は，評価用紙に評価を記入する。 ・評価用紙をもとに，意見交流させる。	・考えを伝え合うことで，自分の考えを発展させようとしている。（主）【観察・ワークシート】

6．本時の指導案（5時間扱いの3時間め）

1．目標
・レポートの型に従って，集めた材料を整理しながら，文の構成・順序を考えて書く。
・相手に調べた内容がわかりやすく伝わるように，集めた材料の情報と情報の関係性を吟味・構築しながら，文章を組み立てて書く。

2．評価規準／評価方法
・レポートの型に従って，集めた材料を整理しながら，文の構成・順序を考えて書いている。**（知識・技能）【ワークシート】**
・相手に調べた内容がわかりやすく伝わるように，集めた材料の情報と情報の関係性を吟味・構築しながら，文章を組み立てて書いている。**（思考・判断・表現）【ワークシート】**

3．展開

時間	学習内容	評価規準と評価方法
導入	・本時の学習の目標を確認し，学習の見通しをもつ。	
	目標　集めた材料を整理し，調べた内容が相手に伝わりやすいレポートを書こう。	
展開	・前時に集めた材料を整理する。 ・使うもの（○），使えたら使うもの（△），使わないもの（×）などに分類させる。（的確な資料を選び，古い資料や出典が不確かなものは避ける）	
	相手にわかりやすく伝わるように，書く順序や構成を考えながら情報を並べよう。	
	・集めた材料の情報と情報の関係性を考え，書く順序，構成を考えながら並べる。 　※事実と意見の区別，根拠を支える事実や例，資料が，具体的で説得力があり，相手によく伝わるものとなっているか。 　※レポートの型に従って，論理的な思考の順序に矛盾点がないか。	・相手に調べた内容がわかりやすく伝わるように，集めた材料の情報と情報の関係性を吟味・構築しながら，文章を組み立てる。（思）【ワークシート】
	構成案をもとに，相手にわかりやすく伝わるレポートを書こう。	
	・構成案をもとに，論理的な順序での構成を意識しながら書く。	・レポートの型に従って，集めた材料を整理しながら，文章を書いている。（知）【ワークシート】
まとめ	・本時の授業を振り返り，目標を達成できたかを確認する。	

Chapter 2　育成すべき資質・能力を踏まえた課題解決型の授業&評価モデル　25

7. 指導の実際

第3時の板書例

目標　集めた材料を整理し、調べた内容が相手に伝わりやすいレポートを書こう。

○集めた材料を整理する。
・使うもの　○
・使えたら使うもの　△
・使わないもの　×

○集めた材料の情報と情報の関係性を考え、書く順序、構成を考えながら並べる。
・課題
・調査方法
　インターネットで‥‥
　書籍で‥‥
　アンケートで‥‥
・調査の結果
　（図や表も含めてわかりやすく伝わるように工夫する）
・考察
・参考資料
　（書籍）「資料名」（出版社　発行年）
　インターネット「資料名」（サイト名）

第3時のワークシート（生徒の記述例）

調べたことを報告しよう　ワークシート　　　　　1年　　組　氏名【　　　　　】

1　課題

野菜は，植物だから，根や葉，茎，花，実などからできている。私たちが普段食べているダイコンの白い部分はどの器官だろうか。

2　調査の内容

①カイワレ大根との比較からどの器官か調べる。
②味の違いに着目することから器官の働きの違いを確かめる。

3　調査の結果

①ダイコンは，どの器官か
　ダイコンの上の方は，胚軸が太ったもので，側根の生えているダイコンの下の方は，主根が太ったものである。つまり，ダイコンは根と胚軸の2つの器官からできている。

②味の違いは，器官の違い
　胚軸は，水分や糖分などの栄養を送る働きをしているため，水分が多く，甘みがある。一方，根は他の害虫から身を守るために，辛み成分を蓄えている。

4　考察

・ダイコンの白い部分は異なる器官から成っていて，器官の働きによって味も違う。
・他の野菜もいろいろと調べてみると，これまで気付かなかった野菜の新しい魅力が見えてくるかもしれません。

5　参考資料（書籍情報・インターネットのURL等）

※内容は『ダイコンは大きな根？』の場合の参考例

8．思考・判断の力を育てる指導の工夫と振り返り

本学習では，既習教材『ダイコンは大きな根？』で学んだことを振り返った上で，発展的な取り組みとして，思考・判断・表現する学習活動を設定した。説明的文章等で用いられている「論理の展開」について学習したことを振り返り，活用することにより，身に付けた力や知識をどう使っていくかという意識付けとなり，繰り返し，学習者自身が意識していくことで，主体的な取り組みをさらに前進していくと考えられる。

文章を書くことを苦手としている生徒は多いが，まず型の学習を通して書くことへのハードルを下げることになる。

また，誰に対して，何を何のために伝えるのか，「相手意識・目的意識」をもたせることは，文章を書くうえで，相手にわかりやすく伝えるための工夫を引き出すことにつながり，「思考・判断・表現」を促す契機となっていく。それは，学習者の主体的な取り組みにもつながるものである。このように相手意識・目的意識を強くもたせることは生徒の工夫を引き出す有効な手段となると考える。

さらに，学習者自身が学びに向かう，主体的な姿勢は，日常生活・社会生活との関わりを意識して課題を設定したことに始まり，前述の既習教材を活用する学習，課題解決的な学習を位置づけた展開によって育つものと考える。

発表の場面は，協同的な学習の場である。「情報の選択は適切か」「情報の発信の順序は適切か」「文章の構成は適切か」等，内容をわかりやすく伝えることができたかどうかについて，生徒が相互評価することで，自分では気付かなかった点について振り返ることができ，学習者のものの見方を広げ，考えを深めることができると考える。

さらに，振り返りの時間を設け，自己評価することで，「できたこと」「わかったこと」は，何なのか，課題は何なのかを明確にしていくことができる。そこで，明確になったものが，学習者の次の学習活動への動機づけとなっていく。

これらの指導において教師は，個々の学習者の課題を念頭に，次の学習活動の展開を設定していくことが大切である。

（安河内　良敬）

第1学年

3

『少年の日の思い出』の読みを通して、 自立した読み手になろう

| 少年の日の思い出 | 光村・東書・教出・三省・学図 |

1. 単元の目標

①登場人物の心情の変化に沿って文章を捉え、展開を把握し、課題について自分の考えをもつ。

②登場人物の生き方を通して文章に表れているものの見方や考え方を捉え、自分のものの見方や考え方を広くする。

③課題について自分の考えを形成し、他者と交流することで自分の考えを広げたり深めたりしようとする。

2. 単元の概要と教材の特徴

　本単元では「確かな読みの力によって自分の考えを形成し、それを他者と交流して広げたり深めたりすることで自立した読み手に成長できる」という考えに基づき、自立した読み手の育成を目指している。「確かな読みの力」とは「文学的文章を読むことの三様態に応じる力（第1段階は、登場人物やあらすじなど文章に書かれていることを正確に捉える力、第2段階は登場人物の言動や展開から想像できることを捉える力、第3段階はそれまでの読みで得た情報を活用しながら自分の知識や経験と重ね、自分の考えをもって読む力）」であり、「自立した読み手」とは、読みの三様態に応じた力を活かして、作品を読み味わうことができる人のことである。

　教材の『少年の日の思い出』は、現在の場面で始まり、回想の場面で終わる構造の作品である。回想場面は「ぼく」の心情を中心に細やかな描写で描かれ、現在の場面に戻らなくても十分魅力ある話として完結し得る。しかし、作品は客が「少年の日の思い出」として語る構造となっている。そこで本実践ではこの構成の特徴を活かし、現在の場面での客の心情を想像することで、生徒の思考・判断・表現を高める学習課題を設定した。

3. 評価規準

知識・技能	思考・判断・表現	主体的に学習に取り組む態度
・登場人物の心情の変化に沿って文章を捉え、展開を把握している。 ・登場人物の生き方を通して文章に表れているものの見方や考え方を捉えている。	・主人公の心情の変化や人物像を捉え、課題について自分の考えをもっている。 ・話合いを通して他者の考えを学び、課題についての自分の考えを再形成している。	・課題に対して自分の考えをもとうとしている。 ・人間の生き方に関心をもち作品や自己、他者との対話を通して自分の考えを広げたり深めたりしようとしている。

4．アクティブ・ラーニングの視点及び言語活動と評価のポイント

①単元の中心となる言語活動

　読みの三様態に沿った課題を主体的に自力解決することや他者との対話や交流を通して，自分のものの見方や考え方を広げたり深めたりしながら，より高い自分の考えを再形成することが本単元の中心となる言語活動である。

　特に第三段階の読みの課題である「なぜ客は少年の日の思い出を友人に話し始めたのか」については容易に回答できるものではなく，第一段階の読み，第二段階の読みで得た情報を活用しながら生徒自身の知識や経験と重ね合わせて思考することができるので，思考力・判断力・表現力を効果的に育成できる課題としてふさわしいと考えた。

②授業改善のためのアクティブ・ラーニングの視点

　通読後，初発の感想で疑問に思ったことや印象に残ったことを生徒たちに確認させることで，第1段階の読みや第2段階の読みの課題を主体的に解決させる。また，生徒たちから上がった第2段階の読みの課題を共通の課題として指導者から発問し，読みを深めていくとともに叙述を読む力，行間を読む力など文学的文章を読み解く上で必要な知識，技能を身に付けさせる。第3段階の読みの課題については生徒全員が考えることができ，かつ，多様な考えが形成できるように設定し，個々の学習意欲と思考力・判断力・表現力を育てる。そこで形成された自分の考えを他者と交流したり学級で共有したりする対話的な学びを通し，自分の考えを深めたり，広げたりしながら，より高い自分の考えを再形成させ，深い学びにつなげていく。

　最後に「身に付いた確かな読みの力を活用し，これからどのように文学作品を読んでみたいか」という課題を考えさせることを通して，身に付けた能力を読書活動に活かしていくというメタ認知的な能力や汎用的な能力を高め，自立した読み手として育てる。

③観点に応じた指導のポイント

・登場人物の心情の変化に沿って文章を読むように指導する。**（知識・技能）**

・登場人物の言動から心情や考え方を捉えるように助言する。**（知識・技能）**

・主人公の心情の変化や人物像について，自分の考えをもって読むよう助言する。**（思考・判断・表現）**

・課題についてはまず自分の考えをもち，それを基にして他者の考えを学び，その後自分の考えを再形成するように指示する。**（思考・判断・表現）**

・生徒の意識が人間の生き方に向くように授業の方向づけをする。**（思考・判断・表現）**

・文学のおもしろさを他者と共有させる。**（主体的に学習に取り組む態度）**

Chapter 2　育成すべき資質・能力を踏まえた課題解決型の授業＆評価モデル　29

5．単元の指導計画

時	学習活動	指導上の留意点	主な評価規準と評価方法
1	・学習の見通しをもつ。 ・教師による範読を聞き，初発の感想をまとめる。	・文学的文章を読むことの基礎的・基本的な知識や技能を意識する。	・登場人物の言動や心情，情景の描写などを表す言葉に着目し読んでいる。（知）【ワークシート】
2	・初発の感想を活かして登場人物，時，語り手，構成，場面，出来事を整理する。 ・「ぼく」とエーミールそれぞれのちょうとの関わりを整理する。	・初発の感想を活かして，描写から場面設定や出来事，語り手，構成を正確につかませる。 ・初発の感想を活かした学習課題を設定する。	・場面設定や話の展開，登場人物の心情などを叙述から正確に捉えている。（知）【ワークシート】
3	・初発の感想から設定した「なぜちょうをつぶしたのか」という課題を確認し，学習目標を把握する。 ・謝罪の場面でエーミールの内心の言葉を語り，「ぼく」の人物像について自分の考えをもち，交流を通して考えを再形成する。	・描写や行間から登場人物の人物像について自分の考えをもち，交流を通して考えを再形成させる。	・登場人物の人物像を叙述や行間から捉えている。（知）【ワークシート】
4	・「なぜちょうをつぶしたのか」という課題について自分の考えをもち，交流を通して考えを再形成する。	・「なぜちょうをつぶしたのか」という課題について自分の考えをもち，交流を通して考えを再形成させる。	・場面設定や話の展開，登場人物の心情などを叙述や行間から捉えている。（知）【ワークシート】
5 （本時）	・どんな状況で客が思い出を語り始めたのか，場面設定を確認する。 ・「なぜ客は少年の日の思い出を友人に話し始めたのか」という学習課題について自分の考えをもち，交流を通して考えを再形成する。	・「なぜ客は少年の日の思い出を友人に話し始めたのか」という学習課題について自分の考えをもたせ，交流を通して考えを再形成させる。	・学習課題について話合いに参加しようとしている。（主）【観察】 ・学習課題について，理由を明確にして自分の考えをもち，交流を通して考えを再形成している。（思）【ワークシート】
6	・これまでの学習を振り返り，設定した学習課題や学んだ読み方を整理する。 ・これまでの読書記録から再読したい作品を挙げ，『少年の日の思い出』の学習を活かしてどんな読み方をしたいかについて考えをもち，交流を通して考えを再形成する。	・次の学習への活用（課題をもたせる）。 ・再読したい作品を挙げ，「単元の学習を活かしてどんな読み方をしたいか」について考えをもたせ，交流を通して考えを再形成させる。	・話合いで得た他者の考えを，自分の考えを広げたり深めたりするのに役立てようとしている。（主）【観察】

6．本時の指導案（6時間扱いの5時間め）

1．目標
・「なぜ客は少年の日の思い出を友人に話し始めたのか」という課題について，自分の考えをもち，話合いを通して他者の考えを学び，自分の考えを再形成する。

2．評価規準／評価方法
・学習課題について，理由を明確にして自分の考えをもち，話合いで出た他者の考えから自分の考えを広げ深めている。**（思考・判断・表現）【ワークシート】**
・学習課題について話合いに参加しようとしている。**（主体的に学習に取り組む態度）【観察】**

3．展開

時間	学習内容	評価規準と評価方法
導入	・本時の学習の目標を確認し，授業の見通しをもつ。 ・前時を振り返る。ワークシートで，客の今の生活をどう想像したか，振り返る。 ・どんな状況で客が思い出を語り始めたか，現在の場面の場面設定を確認する。 ・本時の学習課題をつかむ。 目標　「なぜ，客は少年の日の思い出を友人に話し始めたのか」という課題について考えよう。	
展開	・現在の場面の存在に着目し，「なぜ客は少年の思い出を友人に話し始めたのか」という課題について自分の考えをもつ。 ・考えを確かめ，広げる。 ・学習課題について，3〜4人のグループで交流する。 ・学級で発表し，他のグループの人の考えを共有する。 ・考えを再形成する。 ・発表を聞いて個人で再度考え，文章にまとめる。 ・「単元の学習を活かして，これまで読んだ本をどのように再読したいか考える」という次時の予告をする。	・学習課題について話合いに参加しようとしている。（主）【観察】 ・学習課題について，理由を明確にして自分の考えをもち，話合いで出た他者の考えから自分の考えを広げ深めている。（思）【ワークシート】
まとめ	・本時の授業を振り返り，目標を達成できたかどうか確認する。	

Chapter 2　育成すべき資質・能力を踏まえた課題解決型の授業&評価モデル　31

7．指導の実際

第5時のワークシート（記入例）

★個人で考えよう

○客はなぜ少年の日の思い出を話し始めたのか。客のこれまでの人生を想像して客の心情を考えよう。

過去の一つの出来事で、ちょう集めから離れていたが、やはり自分はちょうが好きであることを再確認し、またちょうを集めたいという前向きな気持ちになってきたから。

★個人で振り返り、考えの変化や深まりを確かめて再形成しよう

○グループや学級で交流して感じたこと、考えたこと、変わったこと

最初の自分の考えは、客は主人のちょうのコレクションを見て、若い頃のちょうに対する熱い気持ちを思い出し、つい話をしてしまったのかと思いました。

でもグループの人の意見を聞くと、「いやな思い出を清算したいから」とか、「心の苦しみも長い年月でいやされて、誰かに聞いてもらいたくなったから」とかの意見がありました。それらを聞いて、そういう読み方もあるのかと思いました。文学作品なので、気持ちを解説するような表現はないので何が正しいかはわかりませんが、皆の話を聞いているうちに、客は過去の辛い思い出に区切りをつけるために話し始めたという考えが一番ふさわしいかなと思いました。

★グループ・学級で交流しよう

○グループ、学級で出た考え
（例）

長い年月が経ち、知らないうちに自分の気持ちが整理できたので、誰かに話を聞いてもらって本当に自分が悪かったのかどうか意見をもらいたくなったから。

いつまでも過去の出来事にこだわっていた自分がいやになり、誰かに話を聞いてもらうことで過去のいやな思い出を清算しようと考えたから。

8．思考・判断の力を育てる指導の工夫と振り返り

　新学習指導要領の国語科の観点別評価は，今までの領域別の評価から他教科と同様に「知識・技能」「思考・判断・表現」「主体的に学習に取り組む態度」の3観点を明確にしたものとなるため，これまで以上に思考力，判断力，表現力の育成に焦点化した指導と評価が必要になる。

　今回の実践は，新学習指導要領第1学年「読むこと」の領域における自分の考えの形成の指導事項をふまえ指導計画を作成した。文学的な文章を読む授業については，教員の読みに対する思いが強く，特に定番と言われている第1学年『少年の日の思い出』，第2学年『走れメロス』，第3学年『故郷』については「ここまで読みを深めなければいけない。気付かせなければいけない」など教員の読みの押しつけとも取れる授業も多く，結果として，自分の経験と重ね合わせたり，自分の考えをもちながら読んだりといった，文学的文章を読むことの楽しさを感じさせることができないまま終了し，読書や国語が苦手という生徒を作り出している面もある。

　そこで，本授業では自分の考えをもたせることを学習活動の中心にすえた。とはいえ空想に近い自分勝手な読みにならないように，確かな読みの力を身に付けながら読ませ，課題に対して自分の考えをもたせることとした。課題については誰もが自分の考えをもつことができ，しかも，それぞれの知識や経験，読み取った情報によって多様な考えがもてる「なぜ，客は少年の日の思い出を話し始めたのか」を設定した。読み取った情報や自分の知識や経験を基に課題に対して自分の考えを形成する。その考えを他者と交流し，自分の考えを深めたり広げたりしながら再度，自分の考えを再形成する。この学習過程により，生徒は個，集団，個という考えを形成するプロセスを経て思考力・判断力・表現力を高め，深い学びを実現することになる。

　振り返りの場面では，自分の考えの再形成という学習を取り入れ，文学的文章の読みの力の定着を図るとともに思考力や判断力等の育成を図っている。また，単元全体の振り返りとして，今後の読書活動において「身に付けた能力をどのように活用していくのか」ということを考えさせ，「何を理解しているか，何ができるようになったのか」を意識させるとともに「理解していること・できることをどう使うのか」という点についても考えさせる。さらに「文学的文章の読み」を実感させ自分の読書活動に新たな目標をもたせ，実生活に生きる汎用的な能力を育てている。

（勝田　敏行）

第1学年

第1学年
第2学年
第3学年

4

詩の言葉が作る世界を想像しよう

| 四季の詩 | 教育出版 |

1．単元の目標

①詩の表現の効果や技法を理解し，詩を味わう。
②詩の表現から，詩の言葉が作り出す世界を豊かに想像する。
③詩に親しみ，主体的に詩を味わう。

2．単元の概要と教材の特徴

　詩のなかで使われている言葉を手がかりにしながら，詩的な表現のもつ豊かな世界を感じ取らせることを目的とした単元である。

　本教材の四編の詩は，いずれも短い表現の中に，豊かなイメージを呼び起こさせる作品である。どの作品も，平易な言葉で表現されているが中学生の日常からは想像しにくいイメージの世界が描かれている。本教科書の教材，『河童と蛙』（草野心平）では，作者が生み出した想像の世界のおもしろさを味わう学習を行った。その学習を踏まえ，本単元では，作品特有の言葉の組み合わせや，表現の工夫から，詩に描かれたイメージを豊かに想像させ，どのような世界を作り出しているのか考えさせたい。

3．評価規準

知識・技能	思考・判断・表現	主体的に学習に取り組む態度
・詩の表現技法とその効果について理解している。 ・詩に描かれた情景を捉えて，音読している。	・詩に使われている表現に着目し，描かれた世界を豊かに想像している。 ・それぞれの詩の表現の特徴や効果について自分の考えをもっている。	・詩の内容や表現に関心をもち，それぞれの詩を自分なりに味わって読もうとしている。 ・考えたことを交流することで，ものの見方や考え方を広げようとしている。

4．アクティブ・ラーニングの視点及び言語活動と評価のポイント

①単元の中心となる言語活動

　本単元では，それぞれの詩に描かれたイメージを想像するために，自分で観点を決めて詩を読み，季節感との結びつきを考える活動を行う。まず，それぞれの詩の題材を捉えるとともに，詩に描かれた情景を理解する。次に，使われている表現技法や，気付いたこと，疑問点を出し合う。そして，出し合った意見をもとに，自分なりの観点を決め，その観点に沿って詩を読むことで，詩の言葉が生み出すイメージについて考える活動を行う。また，自分のものの見方・考え方を広げるために，詩に描かれたイメージと季節感との結びつきを考える活動を行う。

②授業改善のためのアクティブ・ラーニングの視点

　詩の学習を行う場合，作品の世界を作り出す独自の表現に注目することが必要である。作品に描かれた情景を読み取るだけでなく，表現を手がかりに，想像力を働かせたり，自分の経験を重ねたりしてイメージを豊かに広げてこそ，作品を読み深め，その魅力を味わったと言えるだろう。そこで，それぞれの詩を読み深め，想像を広げるための観点を考える。そのためにまず，詩の題材や描かれている情景を捉えた上で，気付いたことや考えたことを出し合う学習活動を行う。出し合った意見が，四編の詩を読むときの課題となり，観点を決めることにつながるのである。同時に，既習事項の確認として，それぞれの詩に使われている表現技法を確認する。表現技法の効果を考えることも，詩を読むときの一つの観点となり，詩に描かれたイメージを想像するための助けとなる。また本教材に取り上げられている詩は，『四季の詩』としてそれぞれの季節ごとに示されている。作品に描かれた世界と季節感のつながりを考えるために，学習者自身の季節に対するイメージを確認しておく。

③観点に応じた指導のポイント

・詩の言葉に着目し，情景を思い浮かべられるような表現を探させる。**(知識・技能)**
・詩を読み味わうための観点を定めることができるよう，例示する。**(思考・判断・表現)**
・詩に描かれたイメージと季節感の結びつきについて，自分なりの考えをもてるよう，季節を表す語を日常生活から思い出させる。**(思考・判断・表現)**
・交流のなかで他者の季節感と自分のそれを比べるよう指示する。**(主体的に学習に取り組む態度)**

話すこと・聞くこと

書くこと

読むこと

言語

Chapter 2　育成すべき資質・能力を踏まえた課題解決型の授業&評価モデル　35

5．単元の指導計画

時	学習活動	指導上の留意点	主な評価規準と評価方法
1	・「詩の言葉が作る世界を想像しよう」という目標を提示する。 ・春夏秋冬それぞれの季節から連想する言葉やイメージなどをあげる。 ・四編の詩を音読し，詩の題材や，詩に描かれた情景を捉える。 ・使われている表現技法を確認する。 ・気付いたこと，感じたこと，疑問に思ったことなどを出し合う。	・詩を味わうという目的を確認させる。 ・「桜」「夏休み」など自由に挙げさせる。 ・季節を象徴する言葉に気付かせ，描かれた情景を理解させる。 ・文語の表記や比喩，反復・対句などを確認させる。 ・出された意見を教師が整理し確認させる。	・季節から連想する言葉やイメージを積極的にあげようとしている。(主)【観察・ノート】 ・詩の題材や描かれた情景，使われている表現技法を理解している。(知)【観察・ノート】 ・詩の表現について気付いたことや考えたことをあげることができる。(知)【観察・ノート】
2 (本時)	・前時の学習を踏まえて，四編の詩を読むための観点を考える。 ・自分で決めた観点に沿って，四編の詩を読み，自分の考えを書く。 ・記入したワークシートをグループで交換し，読み合う。 ・詩に描かれたイメージと季節感の結びつきを考える。 ・グループで考えを交流し，詩に描かれたイメージを広げる。 ・交流した内容をグループごとに報告する。	・前時の学習で出し合った，気付いたことや疑問に思ったこと等をもとに観点を考えさせる。 ・詩の中の表現からどのような季節感が生まれているのか考えさせる。 ・グループで出された意見をホワイトボードにメモしながら整理させる。	・詩を読み深めるための観点について考えている。(主)【観察】 ・観点に沿って詩のイメージを想像している。(思)【ワークシート】 ・詩に描かれたイメージと季節感の結びつきについて，自分なりの考えをもっている。(思)【観察】
3	・自分が生まれた季節のイメージに合う詩を選び，グループで紹介し合う。	・便覧や図書館の本等を利用して，作品を選ぶようにさせる。	情景をイメージし季節感と結びつけて，詩を味わおうとしている。(主)【観察・ワークシート】

６．本時の指導案（３時間扱いの２時間め）

１．目標

・自分の決めた観点に沿って作品を読み，作品が生み出すイメージを想像する。

・考えたことを積極的に交流し，ものの見方や考え方を広げる。

２．評価規準／評価方法

・観点に沿って，詩の場面や情景を想像している。**（思考・判断・表現）【ワークシート】**

・詩に描かれたイメージと季節感の結びつきについて，自分なりの考えをもっている。**（思考・判断・表現）【観察】**

・詩を読み深めるための観点について考えている。**（主体的に学習に取り組む態度）【観察】**

３．展開

時間	学習内容	評価規準と評価方法
導入	・本時の学習の目標を確認し，授業の見通しをもつ。	
	目標　観点を決めて詩を読み，描かれたイメージを想像しよう。	
	四編の詩を自分の決めた観点で読もう。	
展開	・前時の学習を踏まえて，観点を決める。 　　例・言葉の組み合わせ 　　　・表記の特徴 　　　・詩から聞こえてくる音 　　　・語り手（作者）の視点 　　　・作者の思いが込められている言葉	・詩を読み深めるための観点について考えている。（主）【観察】
	・自分の考えをワークシートに記入する。 ・グループ（３〜４人）でワークシートを交換し読み合い，なるほどコーナーにコメントを書く。	・観点に沿って，詩の場面や情景を想像している。（思）【ワークシート】
	詩に描かれたイメージはどのような季節感と結びつくだろう。	
	・グループ（３〜４人）で，出された意見をホワイトボードにメモしながら話し合う。 ・話し合った内容をグループごとに整理し，発表する。	・詩に描かれたイメージと季節感の結びつきについて，自分なりの考えをもっている。（思）【観察】
まとめ	・本時の授業を振り返り，目標を達成できたか確認する。	

Chapter 2　育成すべき資質・能力を踏まえた課題解決型の授業＆評価モデル　37

７．指導の実際

第２時のワークシート（記入例）

詩の言葉が作る世界を想像しよう

組　　番【　　　　　　　　】

★自分の決めた観点に沿って詩を読んでみよう。

観点	
春	例・「一匹」「韃靼海峡」→　一人で無理難題に挑む孤独感を表す。【観点：言葉の組み合わせ】 ・「渡って行った」→　海峡を渡ったところに新しい出会いがある。【観点：作者の思い】
耳	例・「私」と「私」に拾われた「貝がら」。「私」は貝がらを拾った海での思い出を懐かしみ，「貝がら」は，自分が住んでいた海を懐かしんでいる。【観点：言葉の組み合わせ】 ・「私の耳は貝のから」→音のすべてを拾ってみたいという思い。【観点：作者の思い】
虫	例・「虫」「駄目」「涙」だけを漢字にすることで，この言葉を目立たせようとしている。【観点：表記の特徴】 ・「しぜんと　涙をさそわれる」→作者は虫の鳴き声を家で聞き，虫が鳴きながら泣いていると捉えた。【観点：作者がいる場所】
雪	例・暖炉の火のはぜる「パチパチ」という音が聞こえる。【観点：詩から聞こえる音】 ・「眠らせ」→一人で眠っている人々を夜はずっと静かに見守っている。【観点：中心になる語】
なるほど！コーナー	例　・全ての詩から風の音が聞こえるというのは，なるほど！です。　○○より 　　　・私は，ひらがな表記からは柔らかいイメージしか考えつきませんでした。　○○より

生徒の発言例

詩に描かれた場面や情景はどのような季節感と結びつくだろう。

春について

・「てふてふ」は春の明るい優しさを表しているが，「一匹」から孤独感や不安も感じる。仲間たちと別れて新しい土地での暮らしが始まるということから，春は出会いと別れの季節と言われることと結びつく。

・春は，人間の世界では，学年が上がったり成長する季節だから，まだ未熟なチョウが海峡を渡ることによって一人前になる＝成長すると考えられる。人間もチョウも子供から大人になる春。

耳について
・潮風を感じる詩だが，太陽が照り付ける明るくてキラキラした夏のイメージではない。
　海に沈む夕日を惜しむような，夏の終わりをさびしく感じるような切なさがある。
虫について
・秋は実りの季節だけど，この詩は逆に命のはかなさを表している。虫の鳴き声も泣き声
　として聞こえるから切ない。
・この虫はセミを想像するので，秋というより夏の終わりに近いイメージ。もう秋になろ
　うとしている時に季節外れのセミが鳴いている。
雪について
・題名は「雪」だけど，あまり寒さを感じない。むしろ冬の家の中の暖かさとか，家族団
　らんの温もりが思い浮かぶ。
・四編の中で一番自分達の季節感に近い。庭の犬小屋にも雪が降り積もった景色や冬の静
　かな夜が思い浮かぶ。

8．思考・判断の力を育てる指導の工夫と振り返り

　読むことにおける思考・判断の指導では，自分の考えをもって読むことが重要である。特に文学作品においては，「何が書いてあるか」を読み取る学習活動だけでは，作品の魅力を十分に味わい，作品の世界を楽しむことにつながっていかない。そこで，本学習では，それぞれの詩の言葉が生み出す世界のイメージを，自分の視点で読んでいく指導を展開した。また，作品に描かれた世界は，中学生の日常からは想像しにくいものも多いが，「季節感」をキーワードにして，作品のイメージと学習者の経験とを重ねて考える発問を設定している。さらに，学習のまとめとして，自分が生まれた季節のイメージに合った詩を探して紹介する活動を設定し，そこから読書につなげることも目指したい。

　振り返りの場面では，自己評価を行わせる際に，「目標を達成できたか」ということに加えて，「交流によって他の人の考えから何を学んだか」という点についても振り返らせたい。交流を通した「対話的な学び」によって，自分では考えつかなかった詩を読む観点に気付き，自分では想像しなかった作品世界を知ることが，深い学びにつながる。今後，文学や詩歌を読むときの主体的な学びを支えていくものと考える。

（蓑毛　晶）

第1学年

5

文章と図表を読んで新たな研究課題を発見しよう

| スズメは本当に減っているか | 東京書籍 |

1．単元の目標

①文末表現の言葉の使い方を理解し，文章を正しく読む。

②新しい問いや仮説を立て，すでにもっている考えの構造を転換する。

③自分の疑問や仮説を交流し，互いのものの見方や考え方を広げたり深めたりする。

2．単元の概要と教材の特徴

　本教材は，「スズメは本当に減っているか」という疑問を解決するために筆者が情報を収集して自分の考えを展開している文章である。疑問を検証する過程が書かれており，図表を使って事実と筆者の考えを述べている。したがって，文章の内容と図表の表す意味とを読み取りながら，大意を捉えていく必要がある。そこで本単元では，図表に対する読み取りを含む，筆者の考えは本当に正しいのか，別の考えや解釈はできないのだろうかと生徒自らが思考しながら読み進める。自分なりに別の解釈がないかを考えさせることで，考えを広げさせる。筆者の論を読み取るために，まず事実と意見の部分を文末表現の違いに着目して読み取らせる。次に，思考力・判断力・表現力を育てるために，文章や図表から読み取ったことをもとに，自分の疑問や考えをもち，筆者の考えと比較させる。さらに自分の疑問や考えを交流することで，筆者の考えを様々な視点で捉え，各自の読みが深まり，筆者の意見に対する自分のものの見方や考え方を広げる機会にしていく。

3．評価規準

知識・技能	思考・判断・表現	主体的に学習に取り組む態度
文章中の事実と意見の部分における文末の言葉の使い方を理解し，使い分けることができる。	文章を読んで新しい問いや仮説を立て，筆者の考えと自分の考えを比較して自分の考えを構築することができる。	自分の新たな疑問や仮説から，筆者の考えについて，自分のものの見方や考え方を広げ，それを伝えることで，集団の考えを発展させようとしている。

４．アクティブ・ラーニングの視点及び言語活動と評価のポイント

①単元の中心となる言語活動

　この単元では図表を活用した文章の読み取りを行い，筆者の考えと自分の考えを比較し，筆者の考えを評価する言語活動を行う。まず，文章の内容を理解するために，本文に加えて図表の示す意味や文章のなかでの役割について読み取りながら，筆者の考えを理解させる。さらに，筆者の論を捉え，それについて，新たな自分の疑問や考えを発見させ，考察させる。

　自分の考えをもちながら，文章を読むことで，筆者の考えをより深く読み取ることができ，思考力の育成につながるものと考える。

　また対話的な深い学びとして交流を行い，これにより生徒が自分の意見を深めたり広めたりするので，生徒の学習意欲を喚起する。

②授業改善のためのアクティブ・ラーニングの視点

　生徒が学びに興味や関心をもつことが，主体的な学習につながっていく。本単元では「スズメは本当に減っているか」という疑問を筆者が解決する過程を，図表も含めて考えながら読み解いていく。筆者の思考の過程を読み進めながら，読み手である生徒自身の科学的な疑問を生かし，筆者の考えを吟味や評価させながら読み解かせる。それにより生徒の主体的な学びが実現し，読みの力も向上すると考える。

　本教材は結論を導くために，いくつかの資料が提示され，それに対する筆者の解釈や考察が行われている。科学的な文章の読み取りの基礎を学ぶとともに，自分の考えをもちながら主体的に読むことを体験するのにふさわしい教材であると考える。

③観点に応じた指導のポイント

・文章中の事実と意見の部分を分けて論旨を捉えるよう指示する。**（知識・技能）**
・図表の示す内容を正しく捉え，文章のどの叙述と関係が深いか考えさせる。**（知識・技能）**
・筆者の述べていることがらについて，吟味・評価しながら読む姿勢をもつよう指示する。**（思考・判断・表現）**
・文章を読みながら，述べられている内容について自分なりの仮説を立てたり，検証したりさせる。**（思考・判断・表現）**
・交流を通じて他の意見を聞き，自分の意見を広げたり深めたりするよう助言する。**（主体的に学習に取り組む態度）**

Chapter 2　育成すべき資質・能力を踏まえた課題解決型の授業＆評価モデル　41

5．単元の指導計画

時	学習活動	指導上の留意点	主な評価規準と評価方法
1	・本文を読む。 ・語句の意味を調べる。 ・文章の特徴を理解する。 ・文末表現に注目して事実と意見の表現の仕方を理解する。	・事実と意見の文を区別できるようにする。	・文末表現の事実と意見の言葉の使い方を理解できている。（知）【観察・ワークシート】
2	・本文の筆者の意見（結論）と事実（根拠）を読み取る。 ・本文から自分が疑問に思ったことを考える。 ・図表から気付いたことを見つける。	・図表から自分の考えをもてるようにする。	・新たな疑問や自分の考えを見つけることができている。（思）【観察】 ・図表を読み取ることができている。（知）【ワークシート】
3 （本時）	・各自が発見した文章や図表の疑問について交流し，自分の考えを再構築する。 ・「スズメは本当に減っているか」についての自分の意見を200字～300字程度の文章にまとめる。	・資料は，本文以外に必要なものがあれば考えさせる。	・自分の疑問や意見を整理している。（思）【観察】 ・理由を明確にして自分の考えを書いている。（思）【ワークシート】
4	・できた文章をお互いに読み合う。 ・自分と違う見方や考え方を確認し，共有する。	・グループで読み合い，自分の考えを全体に紹介する。	・自分の考え方を伝え，他と共有ができている。（主）【観察】

6．本時の指導案 （4時間扱いの3時間め）

1．目標

・筆者の述べている意見について自分なりの考えをもつ。

・自分の新たな考えを，その理由も含めて文章にまとめる。

2．評価規準／評価方法

・自分が考えた疑問や意見を整理している。**（思考・判断・表現）【観察】**

・自分の考えを，その理由とともに書いている。**（思考・判断・表現）【ワークシート】**

3．展開

時間	学習内容	評価規準と評価方法
導入	・本時の学習の目標を確認し，授業の見通しをもつ。	・筆者の考えを吟味し，自分の考えを形成している。（思）【ワークシート・観察】
	目標 「スズメは本当に減っているか」についての自分の考えを，理由などを明確にして文章にまとめよう。	
展開	・本文の筆者の論の展開を確認する。 ・問題提起，展開，結論などの構成を確認する。特に結論の根拠となる部分に着目し，筆者の論理の展開を捉える。	
	筆者の考えで疑問に思ったことを発表しよう。	
	・筆者の考えとして示されていることについて自分が疑問に思った事を発表する。また，疑問に思った理由についても明らかにする。 ・図表を見て，新たに生まれた疑問や考えたことについて発表する。	・自分なりに考えて疑問や意見をもちそれらを適切に伝えている。（思）【観察】
	「スズメは本当に減っているか」ということについて自分の考えを書いてみよう。	
	・「スズメは減っているか，いないか」ということについて本文を読んで筆者の考えを捉えた上で，自分の考えを整理する。 ・自分の意見を，その理由も明らかにしながら書く。 　自分の考えの理由となる資料がない場合はどのような資料が必要かも考えさせる。 ・出来上がったものを全体に紹介する。	・課題について自分なりの考えをもとうとしている。（主）【観察】 ・理由を明確にして自分の考えを書いている。（思）【ワークシート】
まとめ	・授業を振り返り，自分の意見がもてたかどうかを確認する。	

7. 指導の実際

第2時のワークシート

スズメは本当に減っているか

1年　組　番　氏名

1　筆者の結論

2　その理由

3　筆者の文章で疑問に思ったこと

4　図表で疑問に思った、新たな発見

第3時のワークシート

スズメは本当に減っているか

1年　組　番　氏名

1　「スズメは本当に減っているか」に対する自分の考えを書きなさい。

2　「スズメは本当に減っているか」について自分の考えをまとめなさい。

生徒が筆者の考えに疑問に思ったこと（例）

・表1は一つの月に定まっていないため十分な証拠ではない。
　各年で観察された個体数で平均をとってみればよい。
・農業被害作付面積と稲付面積比は比例していないが，それがスズメの減少と直結しているかどうかはわからない。

生徒のワークシート記述例

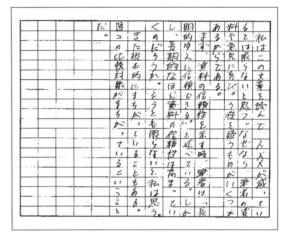

8．思考・判断の力を育てる指導の工夫と振り返り

　生徒の書き上げた文章を思考・判断の評価材料とした。文章を読んで新たな疑問や考えをもち，「筆者の考えと自分の考えを比較して，さらに自分の考えを構築することができるか」という評価規準に照らし合わせて評価していく。文章の展開が，生徒が疑問を発見しやすい文章なので「スズメは本当に減っているか」という課題について自分なりの考えをもち，理由を明確にしながら筆者の考えとの違いや共通部分を明確にして現象に対する説明ができているのかを評価する。また自分が書いた文章で意見と事実の文にはそれぞれにふさわしい表現（特に文末表現）が使われていることを確認する。

　さらに書いた文章を交流することで，筆者の考えを多様な視点で捉え，読みを深めることができたことも評価する。

（杉田　あゆみ）

第1学年

6

『竹取物語』の面白さを○○に伝えよう

| 蓬莱の玉の枝―「竹取物語」から | 光村図書 |

1. 単元の目標

①仮名遣いに注意し，古典特有のリズムを味わいながら音読して，古典の文章に読み慣れる。

②現代とは異なる表現に注意しながら，物語の展開を捉える。

③古典文学の面白さについて伝え合うことで，自分の考えを形成し深める。

④古典に親しみ，愛情をもって享受する態度を養う。

2. 単元の概要と教材の特徴

　平成28年8月に文部科学省教育課程部会が提示した「次期学習指導要領等に向けたこれまでの審議のまとめ」で，高等学校において「古典に対する学習意欲が低い」ことが課題として挙げられた。こうしたことから，古典文法や分析的な読解が主体となる高校段階以前に，中学校において主体的に古典文学を味わう態度を育成することが益々求められていると考える。

　中学校1年生では，先に『いろは歌』『月に思う』という教材を用いて，歴史的仮名遣いや言葉の調子，古典文学の種類について学んでいる。その上で取り組む本単元の『竹取物語』には，SF的要素，親子の愛情，求婚譚における笑い，言葉遊び等，読み手を楽しませる様々なしかけがある。その面白さを考え，表現することで，「我が国の言語文化に親しみ，愛情をもって享受し，その担い手として言語文化を継承・発展させる態度」（同審議のまとめより）を醸成させるとともに，「新しい情報を，既にもっている知識や経験，感情に統合し構造化する力」（同）を育成することをねらいとする。

3. 評価規準

知識・技能	思考・判断・表現	主体的に学習に取り組む態度
・仮名遣いを理解し，古典のリズムを意識して音読している。 ・古典の表現に注意して，物語の内容を捉えている。 ・人物の心情や行動に注意して読んでいる。	・物語の構成や展開，表現の特徴について，自分の考えをもっている。 ・登場人物の心情や様子について読み取り，他者との交流によって，自分の考えを広げたり深めたりしている。	・古典の文章に興味・関心をもって繰り返し音読しようとしている。登場人物の心情や様子について読み取り，古典文学に関心をもち，そのよさを積極的に他者に伝えようとしている。

4．アクティブ・ラーニングの視点及び言語活動と評価のポイント

①単元の中心となる言語活動

　「『竹取物語』の面白さを○○に伝えよう」という課題を設定し，4人グループでテーマを決めて相談しながら発表原稿を考える。発表を相互に聞いた後に，自分の考えを再形成するという一連の活動を行う。他者との交流の中で，自分の考えを広げたり深めたりすることが活動の目的であることを意識させる。

②授業改善のためのアクティブ・ラーニングの視点

　まず，事前に書かせておいた，生徒一人一人の「面白いと思ったところ」を紹介することで第一の「考えの交流」とする。次に，4人組でテーマを決めて発表原稿を作成させる。ここでは，「相手を想定して，その相手に説明する」という目的をもたせ，説明の言葉をグループで検討することで，第二の「考えの交流」をさせる。そして，互いの発表を聞くところが第三の「考えの交流」である。最後に「竹取物語の面白さと，そう思った理由」について，時間をとってしっかりと書かせる。これらを経て，学習者は自分自身の考えを深くするとともに，考えを交流する楽しさを経て，古典文学に一層親しむようになると考える。

　発表原稿を作成する活動中，指導者が巡回しながらどのようなアドバイスをするかが大切になる。「どうしてそのことが面白いのか理由を言ってください」「昔の人はこれを読んでどんなふうに思ったでしょうか？」など，思考を刺激する声かけをしたい。また，学校図書館や地域の図書館と連携して，『竹取物語』に関連する資料を用意し，「他の言葉遊びの例」など，教科書に出ていないことを盛り込むことを推奨したい。

　伝える相手については，小学生や，ALTのような日本に関心のある外国人等，『かぐや姫の物語』を少し知っていたり興味をもっていたりする人を想定したい。

③観点に応じた指導のポイント

　発表を含む学習活動の場合，「話す・聞く」の観点から活動を計画し，発表の工夫や話し方の巧拙を評価することが多い。しかし，ここでは，伝統的な言語文化に親しみ，自分の考えをもつということを目的に，発表後の考えの広がりや深まりを，主に生徒の記述から評価する。

・物語の内容や展開を正しく捉えて説明させる。**(知識・技能)**
・『竹取物語』の面白いところを指摘し，自分がそう考えた部分の表現や内容を説明させる。
　(思考・判断・表現)
・他者との考えの交流を通して，『竹取物語』を始めとする古典文学への関心を深めさせる。
　(主体的に学習に取り組む態度)

5．単元の指導計画

時	学習活動	指導上の留意点	主な評価規準と評価方法
1	・学習を通して，『竹取物語』の面白さについて考えをもつという目標を知る。 ・全文を通読し，内容を知る。 ・古典のリズムを味わいながら繰り返し音読する。 ・文末の言葉の違いや，現代とは違った意味の言葉，現代では使われなくなった言葉に着目する。	・『かぐや姫の物語』が現代でも親しまれていることを想起させる。 ・歴史的仮名遣いや単語の区切りに注意して音読させる。 ・単元末の『古典の言葉』コラムを参照しながら，古典語に興味を持たせる。	・仮名遣いを理解し，古典のリズムを意識して音読している。（知）【観察】 ・古典の文章に興味・関心をもって繰り返し音読しようとしている。（主）【観察】 ・古典の表現に注意して，物語の内容を捉えている。（知）【ワークシート】
2	・登場人物の思いや行動について展開に即して理解する。 ・教科書掲載の「貴公子たちの失敗談」や便覧等を活用して，『竹取物語』を読み深める。 ・次時の活動を知り「『竹取物語』で面白いと思うところ」を書く。	・登場人物の行動や思いを現代の自分たちと比べながら読ませる。 ・学校図書館等でそろえた本も紹介する。	・人物の心情や行動に注意して読み，内容の理解を深めている。（知）【ワークシート】 ・物語の構成や展開，表現の特徴について，自分の考えをもっている。（思）【ワークシート】
3 （本時）	・『竹取物語』の面白さについて説明する原稿を作成する。 ・前時に書いた「面白いと思うところ」を，面白さの観点（テーマ）別に分類する。 ・4人組でテーマを決めて発表原稿を練る。 ・グループワークで気付いたことを書く。	・前時の個人意見を紹介しながら，分類させる。足りない観点は指導者が補う。 ・テーマ→エピソードの紹介→面白いと思った理由という構成で説明する原稿を作らせる。	・他者との交流によって，自分の考えを広げたり深めたりしている。（思）【観察・ワークシート】 ・古典文学に関心をもち，そのよさを積極的に他者に伝えようとしている。（主）【観察・ワークシート】
4	・発表原稿を推敲する。 ・各グループの発表を聞き，自分たちの考えと比較する。 ・改めて，自分の考える「『竹取物語』の面白さ」について文章にまとめる。	・原稿を分担し，聞き手を意識した推敲をさせる。 ・「理由」をしっかりと書かせる。 ・他のグループの発表も参考に，まとまった文章を書かせ，いくつかを紹介し，古典文学に関心を深めさせる。	・他者との交流によって，自分の考えを広げたり深めたりしている。（思）【ワークシート】 ・物語の構成や展開，表現の特徴について，自分の考えをもっている。（思）【ワークシート】 ・古典文学に関心をもち，そのよさを積極的に他者に伝えようとしている。（主）【ワークシート】

６．本時の指導案（４時間扱いの３時間め）

1．目標
・『竹取物語』の面白さについて説明しよう。

2．評価規準／評価方法
・他者との交流によって，自分の考えを広げたり深めたりしている。**（思考・判断・表現）【観察・ワークシート】**

・古典文学に関心をもち，そのよさを積極的に他者に伝えようとしている。**（主体的に学習に取り組む態度）【観察・ワークシート】**

3．展開

時間	学習内容	評価規準と評価方法
導入	・本時の学習の目標を確認し，授業の見通しをもつ。	
	目標　『竹取物語』の面白さについて○○さんに説明しよう。	
	・前時に一人一人が書いた「『竹取物語』で面白いと思うところ」を聞き，テーマ別に分類する。 ※想定されるテーマ：「SF的要素」「奇想天外な内容」「失敗談」「言葉遊び」「かぐや姫のキャラクター」「その他の人物設定」	・文章を読み，作品特有のおもしろさに気付いている。（知）【観察・ワークシート】
展開	グループで説明するテーマを一つに決めよう。	
	・4人グループとする。テーマの重なりは最小限になるように調整する。	
	テーマに即して，『竹取物語』の面白さについて○○さんに説明する原稿を作ろう。	
	※説明する相手はALTで，『かぐや姫の物語』の簡単なあらすじは知っていて，日本の文化に興味をもっていることを共通理解させる。 ※便覧や図書館の書籍等，活用できる参考資料を紹介する。 ・プリントの「発表例」を読んで説明の仕方について理解する。 ※テーマを説明→テーマに関する物語中のエピソードを説明→面白いと思った理由を説明という標準的な書きぶりを紹介する。 ・グループで内容を検討しながらホワイトボードに書いていく。 ※どうしてそのことが面白いのか，十分に説明するように，机間指導を行う。また，参考資料の内容を適宜紹介して，盛り込むことを薦める。	・古典文学に関心をもち，そのよさを積極的に他者に伝えようとしている。（主）【観察・ワークシート】
まとめ	・本時の授業を振り返り，気付いたことや考えが深まったことをワークシートに書く。 ※ホワイトボードに書き上げた原稿はデジカメで撮影する。（次時に増し刷りしてメンバーに配る）	・他者との交流によって，自分の考えを広げたり深めたりしている。（思）【観察・ワークシート】

話すこと・聞くこと

書くこと

読むこと

言語

Chapter 2　育成すべき資質・能力を踏まえた課題解決型の授業＆評価モデル　49

7．指導の実際

第3時のワークシート

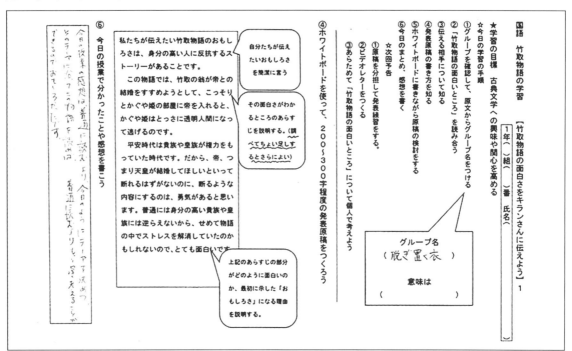

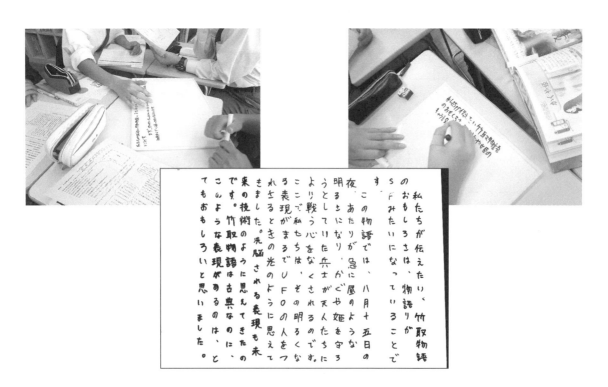

第4時のワークシート

国語　竹取物語の学習　【竹取物語の面白さをキランさんに伝えよう】2

1年（　）組　氏名（　）

☆今日の手順
①原稿を手直ししよう。
②読むところを分担して練習しよう
③ビデオレターをつくろう
④あらためて「竹取物語の面白いところ」について考えを深めよう

③他のグループの発表で内容が面白かったり「へぇ～」と思ったりしたことを書こう

南がかぐや姫に結婚をことわられてどんまい、と言っている所がおもしろいなと思います。雲でUFOをかくしているという発想（はっそう）がおもしろい。

④各グループの発表を参考にして、自分が「竹取物語のここがおもしろい」と思ったこととその理由をくわしく書こう。

1年（　）組　氏名（　）

私が竹取物語で面白いと思ったところは、人物の設定です。月から来たということは かぐや姫は宇宙人ということがわかります。実は宇宙人だったかぐや姫をとても愛した五人の貴公子の性格もおもしろいなと思います。今なら長くお付き合いをしてから結婚するのが竹取物語ではかぐや姫が美しいというだけで結婚しようとしています。しかも美しいというのはうわさなので、もし美しくなかったらお性格がとてもわるかったら　という心配はいらないのかなと思いました。五人の貴公子と帝の結婚をことわり、かぐや姫はとても勇気があって、両親思いでいい人だと思います。

8．思考・判断の力を育てる指導の工夫と振り返り

　古典文学の単元に求められている伝統的な言語文化の理解とそれに親しむ態度の涵養という前提を踏まえつつ，思考力を高めるために以下の工夫を行った。

　第一に，相手を想定し，面白さを説明する文章の型を提示することである。多くの生徒は最初に問われた段階では，「○○なところ」という書き方をした。これは同じ知識を共有する級友，またはより詳しい知識をもつ教師を想定した答えである。しかし，ALTや小学生を相手に設定することで，考えを掘り下げ，面白さの根拠となるエピソードや面白い理由を明確にしなければならなくなる。このときに文章の型を与えて思考の道筋を示し，取り組みやすくした。

　第二に，ホワイトボードを使うことである。書き足したり消したりすることが容易であり，ある程度の字の大きさが確保できることで，皆が参加し，検討するという対話的な学びを促すことができる。

　第三に，発表後に「自分が考える『竹取物語』の面白さ」について再度書かせることである。これは単元全体の振り返りであるとともに，自分の考えの広がりや深まりを自覚させる機会でもある。ほとんどの生徒は，理由を明確にして書くようになり，また内容的にも他のグループの発表も踏まえた広がりが見られる。「もっと知りたい」「他の作品も読んでみたい」というように，古典文学への関心が高まり，読書につながるような記述も見られた。　　　　（木村　朱美）

第2学年

1

人は何のために働くのか，
自分の考えと比べながら，友達のスピーチを聞いて，
働くことの意義について考えよう

話を聞いて自分の考えと比べる	教育出版

1．単元の目標

①友達のスピーチを聞いて，自分の考えと比べ，自分の考えを広めたり深めたりする。

②論理の展開や構成の仕方を評価しながら聞く。

③職場体験学習での経験を互いに伝え合う中で，他者のものの見方，考え方を参考にし，自分の考えを再構築するとともに，主体的に次の活動につなげようとする。

2．単元の概要と教材の特徴

　職場体験学習は，ほとんどの学校が中学2年生で実施している。全員が様々な職種の各事業所に分かれ，数日間社会人としての生活を体験する。日常生活では味わえない苦労や喜び・感動などを体験し，生徒たちは多くのことを学ぶ。それぞれがどんな職場で，どんなことを体験し，どんなことを学んだかを伝え合うことは，話し手にとっても，聞き手にとっても，大いに関心をもち，主体的に取り組める教材である。そして，そこから働くことの意義について考え，互いの意見を聞き，深め合うことは，その後の自分の将来を考える上で大きな意味をもつ。

　本単元では個人による学習の他，4人組及び6人班でのジグソー学習を取り入れ，協働による対話的な学びを目指す。

3．評価規準

知識・技能	思考・判断・表現	主体的に学習に取り組む態度
・話し言葉と書き言葉との違いについて理解している。 ・相手と目的に応じたスピーチをしている。	・話の内容・論理的な構成や展開などに注意して聞き，自分の考えと比較している。 ・意見が効果的に伝わるように，話の中心的な部分と付加的な部分などに注意し，論理的な構成や展開を考えて話している。	・友達の意見と比較することで，自分のものの見方，考え方を深め，広げようとしている。 ・考えを伝え合うことで，主体的に考えを次の活動につなげようとしている。

4．アクティブ・ラーニングの視点及び言語活動と評価のポイント

①単元の中心となる言語活動

　新学習指導要領第2学年「話すこと・聞くこと」の言語活動例には，「ア　説明や提案など伝えたいことを話したり，それらを聞いて質問や助言などをしたりする活動」が示されている。本単元では，自分が職場体験学習で体験してきたことを報告し，それをもとに「働くことの意義」に対する自分の考えを伝え合う，という活動を行う。

　話し手には，自己の体験を振り返り，働くことの意義を考えさせ，「相手意識・目的意識」をもって，自分の考えを効果的に伝えるために，どんな事実をもとにどんな構成で伝えるかを具体的に考えさせる。また，聞き手には話の内容・論理的な構成や展開などに注意して聞き，自分の考えと比較することにより，自分の考えを深め，広げさせる。

②授業改善のためのアクティブ・ラーニングの視点

　職場体験学習において，それぞれがどのような職場で何を体験し，どのようなことを学んだかを伝え合うことは，話し手にとっても聞き手にとっても，大いに関心をもち主体的に取り組める題材である。そして，そこから働くことの意義について考え，互いの意見を聞いて自分の考えと比較し，さらに深めていくことは，その後の自分の将来を考える上で大きな意味をもつ。なお，職場体験学習に当たっては，事後に「人は何のために働くのか」ということについて皆で考えることを知らせておく。

　さらに，本単元では個人による学習の他，4人組及び6人班でのジグソー学習を取り入れ，協働による対話的な学びを目指す。

③観点に応じた指導のポイント

・話し言葉と書き言葉との違いについて自分のスピーチの際に意識するよう指導する。**（知識・技能）**

・自分の意見が効果的に伝わるように，話の中心的な部分と付加的な部分などに注意するなど，論理的な構成や展開を考えて話すよう助言する。**（思考・判断・表現）**

・話の内容・論理的な構成や展開などに注意して聞き，自分の考えと比較するよう指導する。**（思考・判断・表現）**

・他者の意見と比較することで，自分のものの見方，考え方を深め，広げるよう助言する。**（主体的に学習に取り組む態度）**

Chapter 2　育成すべき資質・能力を踏まえた課題解決型の授業＆評価モデル　53

5．単元の指導計画

時	学習活動	指導上の留意点	主な評価規準と評価方法
1	・「人は何のために働くのか，自分の考えと比べながら，友達のスピーチを聞いて，働くことの意義について考えよう」という目標を提示する。 ・自分の意見を支える根拠となりそうな事実や具体例を，職場体験学習での体験の中から，思いつくまま付箋に書き出す。 ・付箋を使って事実や具体例の取捨選択，分類，順序立てをする。	・スピーチを行う目的・話す相手を確認し，学習全体の見通しをもたせる。 ・根拠を支える具体的な事実を示すことが説得力のある話につながることを確認する。 ・話を聞くうえでの観点（意見の比較，論理・構成，評価）を確認する。 ・付箋は2色用意し，事実と感想に書き分けさせる。	・話を聞くうえでの観点（意見の比較，論理・構成，評価）を理解している。（思）【観察】 ・意見を支える根拠，根拠を支える事実や具体例を吟味し，取捨選択している。（思）【ワークシート】
2	・前時の付箋を使って，自分の意見を支える事実や具体例を，構成を考えながら並べる。 ・2分間の流れに合わせて，スピーチメモを作成する。 ・4人組で，時間を計りながら練習し，互いにアドバイスをする。	・スピーチ原稿の型の例を示し，構成を考えながら並べさせる。 ・スピーチメモは，キーワードを並べる程度のものを作成させる。	・自分の意見を支える事実や具体例を，構成を考えながら並べている。（思）【ワークシート】 ・話し言葉と書き言葉との違いについて理解している。（知）【ワークシート】
3 （本時）	・同じ分類同士のグループ（6人）でスピーチを行い，感想を述べ合う。（発表2分＋感想1分半）×6人 ・違う分類同士のグループ（6人）でスピーチを行い，感想を述べ合う。（発表2分＋感想1分半）×6人 ・自分の考えと比べながら，他の生徒のスピーチを聞き，話を聞く上での観点に沿って，聞き取りメモに記録をとる。	・あらかじめ，「何のため」の内容を6つに分類し，6～7人グループを6つ作っておく。 ・発表時には司会を立て，聞く側は聞き取りメモに記録させる。 ・一人発表が終わる毎に感想等，交流させる。	・話の内容・論理的な構成や展開などに注意して聞き，自分の考えと比較している。（思）【観察・ワークシート】 ・他者の意見を役立てようとして聞いている。（主）【観察・ワークシート】
4	・同じ分類同士のグループ（6人）で，前時の他のグループでのスピーチの内容について，観点に沿って報告し合う。 ・グループの中から1名代表者を選出する。 ・代表者のスピーチを聞く。（発表2分×6人） ・振り返りシートに記入する。	・他のグループで聞いた内容を交流させる。 ・発表時には司会を立て，聞く側は聞き取りメモに記録させる。 ・振り返りシートをもとに，意見交流をさせる。	・他者の意見を役立てようとして聞いている。（主）【観察・ワークシート】 ・考えを伝え合うことで，主体的に考えを次につなげようとしている。（主）【観察・ワークシート】

6．本時の指導案（4時間扱いの3時間め）

1．目標
・話の内容・論理的な構成や展開などに注意して聞き，自分の考えと比較する。
・他者の意見と比較することで，自分のものの見方，考え方を深めたり，広げたりする。

2．評価規準／評価方法
・話の内容・論理的な構成や展開などに注意して聞き，自分の考えと比較している。**（思考・判断・表現）【観察・ワークシート】**
・他者の意見を，自分のものの見方，考え方を深めることに役立てようとして聞いている。**（主体的に学習に取り組む態度）【観察・ワークシート】**

3．展開

時間	学習内容	評価規準と評価方法
導入	・本時の学習の目標を確認し，授業の見通しをもつ。	
	目標　自分の考えと比べながら，友達のスピーチを聞いて，働くことの意義について考えよう。	
展開	人は何のために働くのだろう。	
	・あらかじめ，「何のため」の内容を6つに分類して作られた，同じ分類同士のグループ（6人）でスピーチを行い，感想を述べ合う。 （発表2分＋感想1分半）×6人 ・発表時には司会を立て，聞く側は自分の考えと比べながら，友達のスピーチを聞き，話を聞くうえでの観点に沿って，聞き取りメモに記録をとる。 ・違う分類同士のグループ（6人）でスピーチを行い，感想を述べ合う。 （発表2分＋感想1分半）×6人 ・発表時には司会を立て，聞く側は自分の考えと比べながら，友達のスピーチを聞き，話を聞くうえでの観点に沿って，聞き取りメモに記録をとる。	・話の内容・論理的な構成や展開などに注意して聞き，自分の考えと比較している。（思）**【観察・ワークシート】**
	友達の考えと自分の考えを比べてみよう。	
まとめ	・本時の目標を達成できたか確認する。	・他者の意見を役立てようとして聞いている。（主）**【観察・ワークシート】**

Chapter 2　育成すべき資質・能力を踏まえた課題解決型の授業＆評価モデル　55

7．指導の実際

第2時のワークシート

『話を聞いて自分の考えと比べる』学習プリント

発表原稿（メモ）

意見　人は（　　　　　　　　　）ために働くと私（僕）は考えます。

説明

根拠

【ここに付箋を貼る。】

事実　⇩　黄色
感想　⇩　青色

まとめ
投げかけ

第3時のワークシート

『話を聞いて自分の考えと比べる』学習プリント　　〈聞き取りメモ〉

発表者	意見（何のため）	共通点・相違点	論理や構成の仕方	優れている点・深められた点

8．思考・判断の力を育てる指導の工夫と振り返り

　生徒の主体的な学びの視点から授業改善を図るには，まず「国語ワーキンググループの取りまとめ」で示されている「深い学びの過程の実現」「対話的な学びの実現」「主体的な学びの過程の実現」を授業の中にいかに取り入れていくかを考える必要がある。

　本学習では，「深い学び」として，職場体験学習の報告に加え，体験を振り返り，「人は何のために働くのか」を具体的な事例と結びつけて考えさせる。なお，このテーマは，体験の事前にもあらかじめ伝えておく。また，話し手としては，話の組み立て方，話し方の工夫についてこれまでの学習を振り返らせ，スピーチ原稿（メモ）はキーワード程度のものにし，できる限りメモを見ないで話すように指示する。聞き手には，話を聞くときの観点をしっかり意識させて，考えながら聞き取らせる。

　また，「対話的な学び」として，友達のスピーチを自分の考えと比較しながら聞かせ，考えを深め，広げさせることを目指す。スピーチに当たっては，個人による作業の他に，4人組によるアドバイス・リハーサル，6人グループによるジグソー学習を取り入れる。

　さらに，「主体的な学び」として，振り返りにより，この学習を通して自分はどんなことを学び，自分の考えはどのように深まったかをしっかり意識させ，次につなげられるよう，指導を進める。

　振り返りの場面では，振り返りシートに

> ①今回の学習で自分はどれだけ目標を達成できたか。
> ②自分はどんな点で頑張れたか。
> ③自分の考えはどのように変わったか，あるいは深まったか。
> ④今回の学習で学んだことを今後どのように生かしていきたいか。

を記入し，自己評価させ，交流させる。

　今後も，生徒が「〜ができるようになった」「〜が分かるようになった」という喜び・達成感を学び合いの中で味わい，「次には〜していこう」という新たな目標につなげられるような授業展開を目指していきたい。

（小林　真弓）

第2学年

2

自分の立場を明確にし，反対意見を想定しながら自分の考えを相手に伝えよう

| 反対意見を想定して書こう―意見文 | 東京書籍 |

1．単元の目標

①自分の立場を明らかにし，その根拠となる事実や例，反対意見等を踏まえ構成・順序を考えて文章を書く。

②情報の信頼性・妥当性，情報と情報の関係性等に基づいて検討し，自分の意見が効果的に伝わるように根拠を具体的に示したり，他の立場への反対意見を盛り込んだりして意見文を書く。

③異なる立場を想定することで，自分のものの見方，考え方を深めようとするとともに，考えを伝え合うことで，主体的に考えを発展させようとする。

2．単元の概要と教材の特徴

　平成24年3月に示された中央教育審議会答申で，「答えのない問題」という言葉が提示されたが，社会生活の中では，同じ問題に対しても人によって意見が違うことは多々ある。こうした背景の中，様々な課題に対して，自分の立場を明確にし，根拠に基づいて意見を書いたり，述べたりする場面は，今後ますます必要とされる能力だと考えられる。その際，相手意識・目的意識をもつとともに，異なる立場を想定させることで，発想が広がり，より自分のものの見方や考え方が深まることと思われる。そこで，今回は第2学年の「構成」「記述」に重点を置いた授業を展開する。また，意見文を書く場合には，根拠の信頼性・妥当性を吟味しつつ，反対意見を想定した文章を書かせることで，自分の考えをより確かなものとなるよう工夫する。

3．評価規準

知識・技能	思考・判断・表現	主体的に学習に取り組む態度
・自分の立場の根拠となる事実や反対意見等について，文の構成，順序を考えて書いている。 ・主語と述語，接続詞の使い方，副詞の呼応などに注意して書いている。	・情報の信頼性・妥当性，情報と情報の関係性等を根拠に基づいて検討している。 ・意見が効果的に伝わるように，根拠を具体的に記述したり，他の立場への反対意見を想定したりして書いている。	・異なる立場を想定することで，自分のものの見方，考え方を深めようとしている。 ・考えを伝え合うことで，主体的に考えを発展させようとしている。

4．アクティブ・ラーニングの視点及び言語活動と評価のポイント

①単元の中心となる言語活動

　新学習指導要領第2学年「書くこと」の言語活動例には，「ア　多様な考えができる事柄について意見を述べるなど，自分の考えを書く活動」が示されている。本単元では，ある課題について，自分の立場を決めて意見文を書く活動を行うが，その際，反対の意見を想定しながら書く，という活動を行う。

　意見文を書く際には，「相手意識・目的意識」そして，テーマについての「意図」を意識させた学習活動を行う。

②授業改善のためのアクティブ・ラーニングの視点

　意見文を書く場合，「相手意識・目的意識」，そして，課題についての「意図」を意識させ，より主体的に学習に取り組ませることは，文章を書かせる上での大きな原動力となる。また，書かせる際，「自分の立場の根拠，根拠を支える事実」そして，「反対意見」を考えさせることで，より主体的・能動的に学ばせる学習活動を行う。また，「何ができるようになるか」という視点として，「根拠の信頼性，妥当性」等を考えさせ，意見が効果的に伝わるように，調べたことや既習事項を用いて，根拠を具体的に記述させることで，これからの実社会や実生活での課題に対して，活用できる力をつけていく。生徒たちが「書きたい」という意欲をもち，書いたことで達成感や成就感をもちうる学習活動を展開する。

③観点に応じた指導のポイント

・文章構成の型を示し，その型に従って，自分の立場や根拠，根拠を支える事実や例，反対意見等について，文の構成，順序を考えさせる。**（知識・技能）**
・主語・述語，接続詞の使い方，副詞の呼応などに注意して書くよう助言する。**（知識・技能）**
・自分の立場の根拠となる情報の信頼性・妥当性，情報と情報の関係性等を根拠に基づいて検証するよう例を示して指示する。**（思考・判断・表現）**
・自分の意見を効果的に伝えるために，根拠を具体的に記述したり，他の立場への反対意見を想定して書いたりすることが効果的であることに気付かせる。**（思考・判断・表現）**
・異なる立場を想定することで，ものの見方，考え方が深まるよう交流の時間を適切に確保する。**（思考・判断・表現）**
・他者の意見を聞くことで，考え方の多様性に気付かせる。**（主体的に学習に取り組む態度）**

Chapter 2　育成すべき資質・能力を踏まえた課題解決型の授業＆評価モデル　59

5．単元の指導計画

時	学習活動	指導上の留意点	主な評価規準と評価方法
1	・「反対意見を想定して意見文を書こう」という目標を提示する。 ・既習教材「鰹節－世界に誇る伝統食」の文章中に述べられた事実や根拠の示し方を振り返る。 ・立場を支える根拠，根拠を支える事実や例を，自己の体験や知識，調べた資料の中から集め書き出す。 ・書き出した事実や例を吟味・検討・精査する。	・意見文を書く目的，書く相手，何のために書くのかという「意図」を確認し，学習全体の見通しをもたせる。 ・根拠を支える事実や例を効果的に示すことが説得力のある文章につながることを確認する。 ・異なる立場が考えられる課題を提示し，立場を決めさせ，意見を支える事実や例を書かせる。 ・調べた情報について，信頼性・妥当性を検討させる。	・情報の信頼性・妥当性，情報と情報の関係性等を根拠に基づいて検討している。（思）【ワークシート】
2 （本時）	・自分の立場，選び出した根拠を支える事実や例に対する反論を予想する。 ・自分の立場，根拠を支える事実や例，反論に対する意見を書く順序を，構成を考えながら並べる。 ・構成案をもとに，意見文を書く。	・反対の主張とその根拠を想定し，ワークシートに書き出す。 ・意見文の型の例を示し，構成を考えながら並べさせる。 ・構成案をもとに，意見文を書かせる。	・自分の立場の根拠，根拠を支える事実や例，反対意見等を書くための文の構成を理解している。（知）【ワークシート】 ・意見が効果的に伝わるように，根拠を具体的に記述したり，他の立場への反対意見を想定して書いている。（思）【ワークシート】
3	・書いた意見文を再検討する。（推敲）	・主語・述語，接続詞の使い方，副詞の呼応，根拠や反論に対する意見の具体性を意識して推敲させる。	・主語・述語，接続詞の使い方，副詞の呼応などに注意して書いている。（知）【ワークシート】 ・異なる立場を想定することで，自分のものの見方，考え方を深めようとしている。（主）【観察】
4	・書いた意見文をお互いに読み合い，自分の立場の明確さ，根拠の適切さ，反論の有効性等について意見を交流する。	・グループ（時間がある場合は，クラス発表）にし，書いた意見文を発表し交流させる。 ・発表時は司会を立て，聞く側は評価用紙に記録させる。 ・評価用紙をもとに，意見交流をさせる。	・考えを伝え合うことで，主体的に考えを発展させようとしている。（主）【観察・ワークシート】

6．本時の指導案（4時間扱いの2時間め）

1．目標

・自分の立場を明らかにし，その根拠となる事実や例，反対意見等も生かして文の構成，順序を工夫した意見文を書く。

・意見が効果的に伝わるように，根拠は具体的に示し，自分の反対意見も想定して書く。

2．評価規準／評価方法

・文の構成，順序の在り方について理解している。**（知識・技能）【ワークシート】**

・意見が効果的に伝わるように，根拠を具体的に記述したり，他の立場への反対意見を想定したりして意見文を書いている。**（思考・判断・表現）【ワークシート】**

3．展開

時間	学習内容	評価規準と評価方法
導入	・本時の学習の目標を確認し，授業の見通しをもつ。	
	目標　反対意見を想定して意見文を書こう。	
展開	・自分の立場，選び出した根拠を支える事実や例に対する反対意見を想定し，それに対する意見を考える。 　※反対意見を想定し，反論する場合，根拠の矛盾点，根拠に反する実例（反例）がないかを検討する。	
	自分の立場に対する反対意見を想定し，矛盾点，反例がないか検討しよう。	
	・自分の立場，根拠を支える事実や例，反論に対する意見を書く順序を，型に従って構成を考えながら並べる。 　※事実と意見の区別，根拠を支える事実や例，資料が，具体的で説得力があり，自分の立場を支えるものとなっているか。 　※根拠の弱点，矛盾点，疑問に思うようなことがあげられていないか。 　※不確かな記述（～だろう，～だと思う）のような記述はないか。	・自分の立場の根拠，根拠を支える事実や例，反対意見等を書くための文の構成，順序を理解している。（知）【ワークシート】
	集めた材料について構成案を考えながら並べ，意見文を書こう。	
	・構成案をもとに，有効な根拠，反対意見を想定しながら意見文を書く。	・意見が効果的に伝わるように，根拠を具体的に記述したり，他の立場への反対意見を想定して書いている。（思）【ワークシート】
まとめ	・本時の授業を振り返り，目標を達成できたかを確認する。	

Chapter 2　育成すべき資質・能力を踏まえた課題解決型の授業＆評価モデル　61

7. 指導の実際

第2時の板書例

目標　反対意見を想定して意見文を書こう

○課題‥スーパーのレジ袋は有料にすべきか、無料にすべきか

○自分の立場‥　有料　無料

○根拠を支える事実や例‥有料にすると値段に上乗せされ高くなる
ゴミ袋として再利用できる

○反対意見　‥　有料　無料

○反対意見の根拠の想定、根拠の矛盾点・反例
〈根拠の想定〉
・限りある資源の無駄遣いをなくす
・エコバックの利用
〈矛盾点・反例〉
・無駄遣いといっても、3円くらいである。
・エコバックを毎回もつことは面倒

第2時のワークシート

意見文を書こう学習プリント

目標‥反対意見を想定して意見文を書こう

★意見文の型の例

① 私は、（自分の立場）と考えます。

② なぜなら、（一つ目の根拠‥有効な根拠から書く）からです。
二つ目は、（二つ目の根拠を書く）からです。

③ たとえば、（一つ目の根拠を支える事実や例を書く）です。
また、（二つ目の根拠を支える事実や例を書く）です。

④ これに対して、（立場に対する反対意見を想定して書く）という意見があると思います。
しかし、（その反対意見に対する反論）ということがあります。

⑤ 以上の理由により、私は、（自分の立場）だと考えます。

★右の型に従って、例にならって意見文を書きましょう。
（生徒の記述例）

① 私は、スーパーのレジ袋は、（有料・無料）にすべきだと考えます。

② なぜなら、（一番有効な根拠）だからです。二つ目は、（二番目に有効な根拠）ということもあげられます。

③ たとえば、（一つ目の根拠を支える事実や例）があげられます。また、（二つ目の根拠を支える事実や例）ということもあげられます。

④ これに対して、（立場に対する反対意見）という意見があると思います。
しかし、（反対意見に対する反論）ということがあります。

⑤ 以上の理由により、私は、スーパーのレジ袋は、（有料・無料）にすべきだと考えます。

8. 思考・判断の力を育てる指導の工夫と振り返り

新学習指導要領に示されている「主体的・対話的で深い学び」の実現を目指す学習活動を，どのように取り入れ，それによってどのような力をつけていくのかはこれからの授業改善において大切な視点である。

本単元では，「主体的な学び」では，実社会や実生活に関わる主題に関する学習を取り入れ，主体的に考えを発展させることで，学んだことを次に生かし，「何ができるようになるか」という視点での指導を展開する。

また，「対話的な学び」として，異なる立場の者同士の交流・対話を通して，自分のものの見方や考え方を深める学習活動を行う。

さらに「深い学び」として，既習教材「鰹節－世界に誇る伝統食　新しい国語2　東京書籍」で学んだことを振り返った上で，生徒が思考・判断・表現する場面を設定している。使用している教科書に掲載されている，説明的文章等で用いられている「論理の展開」の仕方について学習したことを活用することにより，身についた知識・技能を有効に使うための思考力・判断力・表現力等を育成する。

振り返りの場面では，相互評価を用い，「根拠に説得力があるか」「話題が具体的であるか」「根拠と話題があっているか」等について，相互に評価をさせ，その評価をもとに，交流活動を行わせたい。また，その相互評価をもとに，自己評価を行わせることで，「目標に対して本学習活動で自分はどのような学習活動を行うことができたのか」，「目標は達成できたのかどうか」を自己評価させる。

自己評価では，育成すべき資質・能力の視点から「何を理解しているか・何ができるようになったのか」「理解していること・できることをどう使うのか」という点についても振り返らせたい。

「自分の学びを実感し，新たな目標をもてるようにする」ことにより，次の学習につながる学習活動を展開する。

(石川　俊一郎)

第2学年

3

話合いで自分の考えを深めよう
～「走れ」に込められた思い～

| 走れメロス | 光村・東書・教出・三省・学図 |

1. 単元の目標

①課題について自分の考えをもって話合いに臨もうとする態度や，他者の考えを自分の考えの形成に役立てようとする態度を身につける。

②登場人物の言動やその変化の意味を考え，内容の理解に役立てる。

③話の展開や表現の仕方について，理由を明確にして自分の考えをもつ。

2. 単元の概要と教材の特徴

『走れメロス』という題名は命令形を用いているという点で，文学作品には珍しいものといえよう。この特色ある題名に着目し，「走れ」とは，誰のどんな思いであるか考えることを課題とし，読み深めることを目指した。「走れ」は命令形ではあるが，「命令」「願い」「応援」など，いろいろな意味に捉えられる。誰が，どのような意味で「走れ」と思ったのかは，多様な読みが予想され，その理由も多岐にわたると考えられる。生徒一人ひとりが自分の考えをもち，理由を挙げながら話し合うことで，他者の考えを役立てて自分の考えを形成することが期待できる単元である。

「走れメロス」は，登場人物もストーリー展開も単純明快である。だが，読めば読むほどその奥深さに気付き，自己の考えの変容を実感できる教材でもある。生徒の自由な発想で，「走れ」に込められた思いを考えさせたい。

3. 評価規準

知識・技能	思考・判断・表現	主体的に学習に取り組む態度
・心情，表情，態度などを表す言葉に着目して，その意味を理解している。 ・表現の中から登場人物の特徴を的確に読み取っている。	・登場人物の行動や言動から心情を読み取っている。 ・「走れ」は誰のどんな思いかという課題について，理由を明確にして自分の考えをもっている。	・「走れ」は誰のどんな思いかという課題について自分の考えをもち，話合いに参加しようとしている。 ・話合いで出た他者の考えを，自分の考えの形成に役立てようとしている。

４．アクティブ・ラーニングの視点及び言語活動と評価のポイント

①単元の中心となる言語活動

　新学習指導要領第２学年「読むこと」の言語活動例には，「イ　詩歌や物語などを読み，引用して解説したり，考えたことなどを伝え合ったりする活動」が示されている。本単元では，『走れメロス』の中でメロスに対して「走れ」と思ったのは誰だろうという課題を設定し，考察し，考えを交流する。まず，各自が本文を熟読し，自分の考えをもつ。次に主な登場人物に焦点を当ててグループに分け，交流を図る。さらに，グループの構成員を変えて交流を重ねる。最後にクラス全体で多様な考えを共有し，自分の考えを深めていく。学習の最後には，「『走れ』は誰のどんな思いか」という題で，理由を明確にして自分の考えをまとめる。

　このように段階を踏んで自分の考えを深めていくことを目指す言語活動を設定した。

②授業改善のためのアクティブ・ラーニングの視点

　AL を取り入れた授業を行う場合，次の３つの点に配慮する必要がある。

　第一に，話合いに入る前には，必ず個人で本文と向き合い，自分の考えをもつ時間を十分に確保することである。第二に話合いのグループ編成を工夫することである。話合いのしやすい人数構成というだけでなく，ワークシートを生かして話合いがうまく進むよう配慮した構成にするために，日常の生活班とは違うグループ編成にすることも考える必要がある。第三に，授業の終わりか次の授業の初めに，グループでの学習の成果を共有する時間をとる。話合いの軌道修正が必要なグループにはそのことに気付かせ，より深い交流ができるように導くことが大切である。最後の自分の考えを，理由を挙げてまとめる学習では，それまでの学習の成果を指導者が把握してまとめておき，書けないでいる生徒にはヒントとして示せるようにしておく。

　このような準備，工夫，配慮をして，生徒の自主的，意欲的な学習を支えていくことで，本単元は魅力的な AL の授業となる。

③観点に応じた指導のポイント

・心情，表情，態度などを表す言葉に着目するよう助言する。**（知識・技能）**

・登場人物の特徴を伝える言葉を的確に選ぶよう例を挙げて指導する。**（知識・技能）**

・登場人物の特徴，言動やその変化等をもとにどんな思いをもっているかを読み取らせる。**（思考・判断・表現）**

・「走れ」は誰のどんな思いかという課題について，自分なりに理由を明確にして考えを示させる。**（思考・判断・表現）**

・課題について自分の考えをもつ時間を確保し，その後に話合いの場を設ける。**（思考・判断・表現）**

・話合いで出た他者の考えを，自分の考えの形成に役立てるよう助言する。**（主体的に学習に取り組む態度）**

Chapter 2　育成すべき資質・能力を踏まえた課題解決型の授業＆評価モデル　65

5．単元の指導計画

時	学習活動	指導上の留意点	主な評価規準と評価方法
1	・単元の目標を知り，学習の見通しをもつ。 ・『走れメロス』の範読を聞く。 ・登場人物を整理し，「走れ」は「誰のどんな思いか」を考える。	・意味調べは家庭学習とする。 ・ワークシートを用いる。 ・自由に記述させる。	・「走れ」は誰のどんな思いかを考えている。（思）【ワークシート】
2	・前時の学習を振り返る。 ・「走れ」は「誰のどんな思いか」について，本文に沿ってその理由を挙げながら，交流する。 ・自分が最初に考えたこと以外にも「誰のどんな思い」と言えるか，本文を読みながら個人で考える。	・全体で交流して，意識を高める。 ・ワークシートを用いる。 ・個人で再度本文に向かわせる。	・心情，表情，態度などを表す言葉に着目して，理解している。（知）【ワークシート】 ・「走れ」は誰のどんな思いかについて，考えを深めている。（思）【ワークシート】
3	・前時の学習を振り返る。 ・自分の担当する人物を知り，個人で考える。 ・グループに分かれて話し合う。 Aメロス本人　Bセリヌンティウス C王　D群衆〈町の人々〉 ・同じ人物を担当したグループで，構成員を変えて交流する。 ・元のグループに戻り，交流する。	・ワークシートをまとめておく。 ・ワークシートを用いる。 ・話合いは4人グループにする。 ・構成員を変えることで，話合いを活性化させる。	・「走れ」は誰のどんな思いかについて，自分の考えをもち，話合いに参加しようとしている。（主）【観察】 ・「走れ」は誰のどんな思いかについて，考えを深めている。（思）【ワークシート】
4 （本時）	・前時の学習を振り返る。 ・グループごとにホワイトボードに発表の内容をまとめる。 ・メロス本人，セリヌンティウス，王，群衆グループがそれぞれの話合いの成果を発表し，全体で話し合う。 ・それぞれの発表を聞いて，個人で考える。	・ワークシートを確認する。 ・ワークシートに記録させる。 ・質疑応答を通して話合いが深まるように導く。 ・個人での振り返りの時間をとる。	・自分の考えをもち，話合いに参加しようとしている。（主）【観察・ワークシート】 ・登場人物の特徴，言動や思いを読み取っている。（知）【ワークシート】 ・話合いで出た考えを，自分の考えの形成に役立てている。（思）【ワークシート】
5	・前時の学習を振り返る。 ・「走れ」と命令した（願った）のは誰かを再び個人で考える。 ・「『走れ』に込められた（　　）の思い」を書く。 ・書いた文章を読み合い，交流する。	・ワークシートに記入させる。 ・書き出せない生徒には，話合いの中で出てきた理由をまとめたものを示し，助言する。	・「走れ」は誰のどんな思いかについて理由を明確にして自分の考えをもっている。（思）【ワークシート】 ・登場人物の特徴を伝える言葉を的確に選んでいる。（知）【ワークシート】

6．本時の指導案（5時間扱いの4時間め）

1．目標

・「走れ」は誰のどのような思いかという課題について，自分の考えをもつ。

・他者の考えを自分の考えの形成に役立てる。

・登場人物の特徴，言動やその変化からどんな思いをもっているかを読み取る。

2．評価規準／評価方法

・登場人物の特徴，言動や思いを読み取っている。**（知識・技能）【ワークシート】**

・他者の考えを自分の考えの形成に役立てている。**（思考・判断・表現）【ワークシート】**

・「走れ」は誰のどんな思いかという課題について，自分の考えをもって話合いに参加しよう
としている。**（主体的に学習に取り組む態度）【観察・ワークシート】**

3．展開

時間	学習内容	評価規準と評価方法
導入	・本時の学習の目標を確認し，授業の見通しをもつ。	
	目標 「走れ」はだれの，どんな思いか。考えを深めよう。	
展開	・前時のグループで話し合った内容を，ホワイトボードに記入する。 ・各グループが前時の話合いの成果を発表する。 　　Aメロス　　Bセリヌンティウス 　　C王　D群衆（町の人々） ・発表を聞きながらワークシートに記入する。	・自分の考えをもち，話合いに参加しようとしている。（主）【観察・ワークシート】 ・登場人物の特徴，言動や思いを読み取っている。（知）【ワークシート】
	発表を聞いて，もう一度考えよう。	
まとめ	・それぞれの発表の後に質疑応答する。質疑応答では，グループの枠を外して，自由に発言する。 ・発表や質疑応答を聞いて，個人で再度，課題について考え，ワークシートに記入する。 ・本時の授業を振り返り，目標を達成できたかを確認する。 ・次の時間に，「『走れ』に込められた（　　）の思い」を書くことを知る。	・話合いで出た他者の考えを，自分の考えの形成に役立てている。（思）【ワークシート】

Chapter 2　育成すべき資質・能力を踏まえた課題解決型の授業＆評価モデル　67

7. 指導の実際

第4時のワークシート（記入例）

『走れメロス』
「〜走れ」は誰のどんな思いか

〈他のグループから出た考え〉

メロス本人
・自分に言い聞かせている
・自分に気合いを入れている
・裏切りたくない・信じてくれている友がいる
・途中で諦めかけた自分を奮い立たせている

セリヌンティウス
・メロスに頑張ってほしい・メロスを信じたい
・メロスならできるはずだ
・一度疑ってしまい悪かった
・メロスにも生きてほしい、でも走ってほしい
・王との約束を守ってほしい

王
・人のことを信じられなくなった自分を救ってほしい
・暴君である自分を止めてほしい
・民を苦しめる自分をどうしたらいいかわからない
・信じていいのか、試してみたい
・本当に友を助けたいというなら走ってみろ

群衆（町の人々）
・王の考えを否定してほしい・町を救ってほしい
・人が殺されるのはもう見たくない、人質を救え

第5時のワークシート（記入例）

『走れメロス』
「〜走れ」は（王）の（私を変えてくれ）という思いである。

王は人を信じたいという思いがきっとあったと私は思う。町は以前は明るかったとあるし、何かがあって王は変わり、蒼白な顔とあるから、元は悪い王ではなかったのに、苦しんでいるのだと考えた。そんな王だから、「走れメロス、私を救ってくれ。変えてくれ。」と心の中で言っていたと思う。自分が王の立場だったら、何か人を信じるきっかけがないと、簡単には変われない。王はメロスが「必ず戻ってくる。」と言ったとき、「ばかな。」「とんでもない嘘を言うな。」と言っていたけど、それは、ただ強がっていて、信じたいという自分の気持ちに嘘をついていたのだと思う。今までたくさんの人を殺してきたのに、今さら人を信じたいなんてばかばかしい。町の人たちにどんな顔をして会えばいいのか、と思い悩んでいると思う。だから、強がって「ばかばかしい。」「とんでもない嘘を言う。」などと言ったのだと思う。人を信じたいという気持ちに嘘をついていても、来ると信じたいという気持ちもあるから、心の中で「走れメロス、私を救ってくれ」と思っているのだと思った。

8. 思考・判断の力を育てる指導の工夫と振り返り

　文学的文章を教材とする「読むこと」の学習が，深い学び，対話的な学びとなるためには，どのような課題を設定するかが重要である。また，生徒の主体的な学習を支えるのは，指導者の準備と工夫である。単元の中心となる課題が，思考するに足る課題であるか，生徒の心を揺さぶる課題であるか，多様な考えが生まれる課題であるか，話合いが深まる課題であるか，理由や視点を求める課題であるかをよく考え，指導者がまずシミュレーションしてみることが必要である。

　本単元では，「『走れ』は誰のどんな思いだろう」という課題を設定した。指導者自身がこの課題に取り組んでみて，多様な考えや理由がもてたからである。

　では，この課題に取り組む過程で，生徒たちはどのような思考をし，変化していったかを振り返ってみる。

　初めは，多くの生徒が「走れ」と願ったのは，「メロス自身」と考えた。「友情のため」「信実のため」などの理由が挙げられた。また，セリヌンティウスと答えた生徒もいた。「約束を守ってほしい」「王に友情の素晴らしさを見せたい」などの理由である。が，国王ディオニス，町の人々と答えた生徒は少なかった。そこで，自分の考えた人物以外にも，メロスに走ってほしかった人はいたのではないかと再度考えさせた。すると，国王はどうなのだろうか。本当はメロスに走って帰ってきてほしかったのではないか，と考え始めた。「王の苦悩する姿」に目を向け，王はどのような人物なのかと考え始めたのである。また，町の人々はどのような思いで刑場に集まってきたのだろう。町の人々は何を考えていたのだろう，と思考は広がった。また，メロス自身が「走れ」と願ったと考える生徒も，その理由が変わっていった。生徒たちは本文とじっくり向き合い，深く思考しながら，また，話し合いながらそれぞれの登場人物の思いに迫っていったのである。中には，セリヌンティウスがメロスに「走れ」と願うことは，自分が助かり，メロスが死ぬことを願うことになってしまうことに気付き，セリヌンティウスの置かれた立場の苦しさまで考えた生徒もいたのである。

　指導者自身がシミュレーションしたものを超える深い思考が，学習活動の中でなされたといえる。そのことを生徒自身に振り返らせ，ついた力を実感させ，達成感をもたせることが，「主体的・対話的で深い学び」の実現では大切である。その達成感が次の学習の原動力になっていくのである。

（白石　典子）

第2学年

4

『最後の晩餐』に対する評価について考え，他者と交流して自分の見方・考え方を深めよう

| 君は「最後の晩餐」を知っているか | 光村図書 |

1．単元の目標

①段落の構成を理解しながら，『最後の晩餐』に対する筆者の評価とその視点を読み取る。

②『最後の晩餐』に対する筆者の評価について検討し，自分の考えを視点を明らかにして形成し，他者に伝える。

③他者との交流を通して，自分の見方，考え方を深めようとする。

2．単元の概要と教材の特徴

「評論」とは物事の善し悪しや価値等について書き手の考えを述べた文章である。本教材も評論文として筆者固有の考えが強く示されているが，その際には表現や構成を意識しながら専門的な知識をわかりやすく論述している。本単元では，筆者の『最後の晩餐』に対する評価の根拠を読み取った後，その評価について検討していく。科学を駆使した絵画である『最後の晩餐』は，本当に「かっこいい」と言えるのか，修復後の『最後の晩餐』はこの絵の本当の魅力を表しているのか等，『最後の晩餐』に対する筆者の評価について検討する中で，叙述を読み取るだけでなく，叙述の裏にある筆者の思いや，筆者の触れていない絵画のもつ価値などにも考えを広げていくことができる。そして，他者と意見を交流することで自分の見方・考え方が深まり，評論文を主体的に読むおもしろさを味わわせていく。

3．評価規準

知識・技能	思考・判断・表現	主体的に学習に取り組む態度
・段落の構成を理解しながら，筆者の考えの根拠を読み取っている。	・筆者のものの見方・考え方について，知識や体験と関連づけて自分の考えをもっている。 ・自分の考えを視点を明らかにして他者に伝えている。	・他者との交流を通し，自分の見方，考え方を深めようとしている。 ・筆者のものの見方・考え方を通して，作品のテーマに関心をもっている。

4．アクティブ・ラーニングの視点及び言語活動と評価のポイント

①単元の中心となる言語活動

　本単元では，『最後の晩餐』に対する筆者の評価について検討し，最終的に自分の考えを手紙の形式で筆者に伝えるという目標を示す。そのため，この評論を読んで，筆者にさらに聞いてみたいこと，反論したいことを挙げさせる。各自が出し合った筆者への質問や反論の中から課題をしぼり，グループで課題解決のための話合い活動を行う。話合いの結果を発表する際は，順番に発表するのではなく，プレゼンテーションやパネルディスカッションの学習で学んだことを思い出しながら，一つのグループが発表した意見に対し，補足をしたり，質問や反論をしたりする形で，互いのグループで話し合った内容を発展させていく。

②授業改善のためのアクティブ・ラーニングの視点

　評論文を主体的に読むためには，本文から筆者の考えを読み取るだけでなく，筆者のものの見方，考え方に対して自分の意見をもつことが必要である。自分の考えを手紙の形式で伝えるという想定をすることで，より深く筆者の考えを読み取ろうとする意欲が生まれてくる。本文に書かれた筆者の考えの中に，疑問点や反論を見いだし，それらを全体で交流する中で学習課題を設定する。課題について個人で考えた後にグループ→全体と話合いを進め，最後に個人で手紙を書くという一連の学習活動の流れを設定することにより，課題に対する学びが深まっていくはずである。

　また，課題解決のために対話的な学びに取り組む中で，本文に書かれていること以外の絵画の知識や絵画の歴史など，学習者が知りたいと思うことや興味が広がっていくことも予想される。その際には手紙の中に筆者への質問という形で記述したり，学習者自身が学校図書館やインターネットを利用して調べたりするなど，主体的な学びに広げていくことも可能である。

③観点に応じた指導のポイント

・序論，本論，結論の段落構成を理解させた上で，筆者の『最後の晩餐』への評価とその根拠を読み取らせる。**(知識・技能)**

・筆者の『最後の晩餐』への評価について自分なりの意見をもたせる。**(思考・判断・表現)**

・筆者の『最後の晩餐』への評価について考えたことを，筋道を立てて表現するように指導する。**(思考・判断・表現)**

・他者との交流活動を『最後の晩餐』に対する自分の見方，考え方を深める場として意識させる。**(主体的に学習に取り組む態度)**

・筆者のものの見方，考え方をより理解するには，『最後の晩餐』に関する知識や，絵画の見方や歴史など新たな知識を得ることが有効であることを助言する。**(主体的に学習に取り組む態度)**

Chapter 2　育成すべき資質・能力を踏まえた課題解決型の授業&評価モデル　71

5．単元の指導計画

時	学習活動	指導上の留意点	主な評価規準と評価方法
1	・『最後の晩餐』の画像を提示し，印象を話し合う。 ・単元の目標を確認し，学習の見通しをもつ。 ・本文を通読し，筆者のこの絵に対する評価の言葉を見つける。 ・本文が「序論」「本論」「結論」に分かれていることを確認する。	・絵に題名をつけさせ，第一印象を話し合い，自分と筆者の評価を比較させる。 ・「科学が生み出した新しい芸術」「名画」「すばらしい絵」などの中の「かっこいい」に特に注目させる。	・筆者のものの見方・考え方を理解し，作品のテーマに関心をもとうとしている。（主）【観察・ワークシート】
2	・「序論」から「本論」への論理の展開を読み取る。 ・「本論」を読み，この絵がどのような場面を表現したものなのかを確認する。 ・「解剖学」「遠近法」「明暗法」の技法と効果についてまとめる。 ・「本論」から「結論」への論理の展開を読み取る。	・「本論」が「序論」で示した筆者の絵に対する評価の根拠となることに気付かせる。 ・どのような場面を描いた絵かを確認し，三つの技法の効果をまとめることで，レオナルドが表現したかったものを読み取らせる。	・段落の構成を理解しながら，筆者の考えの根拠を読み取っている。（知）【ワークシート】
3 （本時）	・筆者の考えがまとめられている「結論」の内容を中心に，筆者に質問したいことや反論したいことを考える。 ・課題を設定し，グループで話し合う。 ・交流を通して考えたことをワークシートに記入する。	・筆者に質問したいことや反論したいことを発表させ，全体で課題を二つ設定する。 ・4人グループによる話合いを行わせる。	・筆者のものの見方・考え方について，知識や体験と関連づけて自分の考えをもっている。（思）【ワークシート】 ・自分の考えを根拠をもって他者に伝えている。（思）【話合いシート】 ・他者との交流を通し，自分の見方，考え方を深めようとしている。（主）【観察・ワークシート】
4	・グループで話し合ったことを全体で交流する。	・まず一つのグループに話し合った結果を発表させ，その考えに補足や反論を加えさせていく形で話合いを発展させる。	・他者との交流を通し，自分の見方，考え方を深めようとしている。（主）【観察】
5	・「芸術は永遠なのだ」という筆者の言葉について考える。 ・評論という文章のスタイルや特徴について学んだことをまとめる。 ・筆者に自分の考えを伝える手紙を書く。	・「芸術は永遠」と言う根拠，『最後の晩餐』が壁画として書かれた意義を考えさせる。 ・手紙には交流を通して深まった自分の考えや，さらに筆者に質問したくなったことなどを書くよう指示する。	・筆者のものの見方・考え方について，知識や体験と関連づけて自分の考えをもっている。（思）【手紙】

6．本時の指導案（5時間扱いの3時間め）

1．目標

・筆者が『最後の晩餐』を「かっこいい」と評価したことについて，自分の考えをもち，筋道を立てて他者に伝える。

・他者との交流を通し，自分の考えを深めようとする。

2．評価規準／評価方法

・筆者のものの見方・考え方について，知識や体験と関連づけて自分の考えをもっている。**（思考・判断・表現）【ワークシート】**

・自分の考えを他者に伝えている。**（思考・判断・表現）【話合いシート】**

・他者との交流を通し，根拠をもって自分の見方，考え方を深めようとしている。**（主体的に学習に取り組む態度）【観察・ワークシート】**

3．展開

時間	学習内容	評価規準と評価方法
導入	・本時の学習の目標を確認し，授業の見通しをもつ。	
	目標　筆者の考えに対して自分の意見をもとう。	
	筆者の考えがまとめられている「結論」を中心に，筆者に質問したいことや反論したいことを考えよう。	
	・質問や反論をワークシートに記入し，発表する。 ・発表された意見をまとめながら，課題設定をする。 　※「細かい描写があった方が本当の魅力が見えるのではないか」「画家の意図とは何か」「科学を駆使して表現しようとしたものが見えるとなぜかっこいいのか」「レオナルドが描きたかった『それ』とは何か」等の意見が挙がることが予想される。	・筆者のものの見方・考え方について，知識や体験と関連づけて自分の考えをもっている。（思）【ワークシート】
展開	学習課題について自分で考えたことをグループで交流し合おう。	
	・二つの課題を確認する。 ①修復後の『最後の晩餐』は，この絵の「本当の魅力」を表しているのか。 ②絵画の科学を駆使して表現しようとしたものが見えることは本当にかっこいいのか。 ・課題に対する自分の意見をワークシートに記入した後，4人グループで意見を交流する。 ・交流の際，思考の過程が見えるよう，話合いシート（無地の用紙）に記入しながら，話し合う。 ・どんな時に「かっこいい」という言葉を使うかを考えさせ，課題解決のヒントにする。	・自分の考えを根拠をもって他者に伝えている。（思）【話合いシート】
まとめ	・本時の授業を振り返り，目標が達成できたかどうかを確認する。 ・ワークシートに交流を通して考えたことを記入する。	・他者との交流を通し，自分の見方，考え方を深めようとしている。（主）【観察・ワークシート】

Chapter 2　育成すべき資質・能力を踏まえた課題解決型の授業&評価モデル　73

7. 指導の実際

第1時・第2時のワークシート（記入例）

君は『最後の晩餐』を知っているか

目標　段落の構成を理解しながら、本論の内容を整理しよう

○筆者は序論で『最後の晩餐』を何という言葉で評価しているか確認しよう。

例　科学が生み出した新しい芸術・名画・すばらしい絵・かっこいい

一　この絵は、どんな場面を表現しているかまとめよう。

例　中央にいるキリストが明日自分は弟子の一人に裏切られ、磔刑になると予言をし、それを聞いた弟子達が驚き、ざわめいている場面。

二　『最後の晩餐』に用いられている三つの技法と効果を説明しよう。

	明暗法	遠近法	解剖学
使われ方	例　描かれた部屋の右側に光が当たり、左側は陰を描いて、現実の光の方向を合致させる。	例　室内の壁や天井が奥にいくほど小さくなる。	例　弟子たちの手のポーズに、驚き、失意、あきらめなどの心の動きを表した。
効果	例　壁に描かれた部屋が本物の食堂の延長にあるように見える効果がある。	例　描かれた部屋に奥行きが出る。キリストが中心になり、絵の物語をドラマチックに演出する効果がある。	例　手や顔の表情、容貌、心の内面までも描くことができる。＝心理を表現する効果

第5時のワークシート（記入例）

国語　筆者の布施さんに手紙を書こう～　　　組　番　氏名
※手紙の中に必ず入れる内容
①布施さんの評論について考えたこと
②布施さんに質問してみたいこと

私は、科学を駆使して表現したものが見えることは「かっこいい」と思いました。人々の感情がまるでそこにいるかのように見ている人に伝わってくるからです。それまで「見る」ものだった絵画は、科学の技術によって「感じる」ものになったのではないかと私は思います。しかし、この絵の本当の魅力は描かれた当時にあると思います。修復後のこの絵は細部の描写がなくなり、絵画の分析によって人々に知られた科学の技術が本来のものであるように人々に強く主張されてしまっているのではないかと思うからです。私は、絵を見る時、その絵を理解してみるのも良いけれど、何も知らずに見ることでより一層科学の技術を感じられるように、何かを意識するのではなく、直感的に「かっこいい」と思える絵だったのではないでしょうか。

布施さんは絵から、レオナルドはどんな人柄だと感じたのか聞いてみたいです。

○この評論を読んで疑問に思い、さらに調べたくなったことがあったら書いてみよう。
他の絵で科学はどのように使われているのか、（科学が使われている絵をまとめた本をよむ。）

このような方法で、調べることができるか考えて書いてみよう。また、どのような方法で、調べることができるか考えて書いてみよう。

8．思考・判断の力を育てる指導の工夫と振り返り

　評論文における思考・判断の指導を考える上では，筆者のものの見方，考え方に対して，自分の考えをもつという点が重要である。本単元では，筆者がレオナルド・ダ・ヴィンチの作品を「かっこいい」と評価している点について各自が自分の考えをもつことができればよい。そのために，筆者が『最後の晩餐』を「かっこいい」と評価している理由を読み取る必要がある。生徒は叙述を頼りに，「絵画の科学を駆使している」ことが「かっこいい」と筆者が評価する一つの要因と読み取るであろう。しかし，「絵画の科学を駆使して表現しようとしたものが見えることは本当にかっこいいのか」という課題を投げかけることによって「深い学び」につながっていく。課題解決に向けた話合いを行う際，自分で記入したワークシートをグループ内で発表するだけでは一方通行で話合いが発展しづらい。「対話的な学び」を意識して，無地の用紙を話合いシートとして配り，各自の意見のポイントをまとめたり，図示化したりする。振り返りの場面としては，5時間目に書く筆者に宛てた手紙の中で自分が学んだことを振り返ることができる。3時間目の始めに，自分が抱いた疑問をワークシートに記入しているので，手紙に書いた内容と比較することで，思考が深まっていったことが実感できる。

　この単元後に，レオナルド・ダ・ヴィンチの他の作品や他の画家の作品へと興味が広がっていけば，さらなる「主体的な学び」へとつながっていく。そして，今回の単元で学んだ知識をもとにして他の評論を読むときに，評論の読み方を意識して思考を広げさせていきたい。

（渋谷　頼子）

第2学年

5

兼好法師になりきって「現代版『徒然草』～中学生編～」を書こう

仁和寺にある法師―「徒然草」から

光村・東書・教出・三省

1．単元の目標

①『徒然草』に表れたものの見方や考え方に触れ，登場人物や作者の思いなどを想像する。

②社会生活の中から課題を決め，材料を集めながら自分の考えをまとめる。

③事実や事柄，意見や心情が相手に効果的に伝わるように説明や具体例を加えたり，描写を工夫したりして，兼好法師になりきって，「現代版『徒然草』～中学生編～」を書く。

2．単元の概要と教材の特徴

『枕草子』と並ぶ，日本の代表的な随筆文学である『徒然草』全二百四十三段には，中学生にとってわかりにくい「無常観」に裏付けられた段も多くあるが，笑える話やなるほどと思える話，教訓的な話も多くある。そこで古典の易しい現代語訳や古典について解説した文章を紹介し，古典に表れたものの見方や考え方に触れさせ，『徒然草』に親しませたい。それにより，登場人物や作者の思いなどを豊かに想像させたい。そこで触れた『徒然草』を自分の生活や生き方に生かすことを目的として，自分が兼好法師になったらという想定のもとに「現代版『徒然草』～中学生編～」を書くという授業を展開する。

3．評価規準

知識・技能	思考・判断・表現	主体的に学習に取り組む態度
・第1学年での既習事項である文語の読み方にしたがって古典特有のリズムを味わいながら，古典を音読することができる。 ・古典に表れたものの見方や考え方を読み取ることができる。	・『徒然草』の登場人物や兼好法師の思いなどを想像し，その想像や感情を言葉にして伝えるとともに，交流を通して自分の考えを深めている。 ・『徒然草』に表れた筆者のものごとを捉える視点を参考にして自分なりの考えをもって書いている。	・古典に親しんだり楽しんだりしながら，古典に表れたものの見方や考え方を想像し，深めようとしている。 ・古典で学んだものの見方や考え方を自分の生活や生き方に生かそうとしている。

4．アクティブ・ラーニングの視点及び言語活動と評価のポイント

①単元の中心となる言語活動

　教科書教材である『仁和寺にある法師』をはじめとして，『徒然草』の中にある中学生にとっても共感しやすい段を複数段選び，易しい現代語訳を紹介することで，古典に表れたものの見方や考え方に触れやすくする。そこで，紹介された現代語訳を小グループで読み深め，兼好法師の伝えたかったことを想像し，それを言葉で表現し交流するという言語活動を行う。その交流を通して，『徒然草』に表れたものの見方や考え方を自分の生活や生き方に生かすという意図を意識させた学習活動を行う。なるべく中学生の実体験に基づいた「現代版『徒然草』～中学生編～」を書くという言語活動を展開する。

②授業改善のためのアクティブ・ラーニングの視点

　古典に親しんだり楽しんだりという観点を大切にした学習活動を設定した。易しい現代語訳を紹介するにあたり，中学生の実生活でも起こりうる話や笑える話を選ぶことで，現代にもつながる日本人のものの見方や考え方について捉え，考えさせた。このことにより生徒の深い学びの実現を目指した。

　紹介した現代語訳を小グループで読み深めるという学習場面を設定した。兼好法師の考え方を手がかりに，生徒同士の協働を通じ，自らの考えを広げ深める対話的な学びのできる学習場面を設定した。

　兼好法師が現代に生きていたとしたらという設定のもと，生徒自身が兼好法師になりきって「現代版『徒然草』～中学生編～」を書くという学習課題に取り組ませ，古典を自分の生活や生き方に生かす学習活動の展開をする。

③観点に応じた指導のポイント

・文語のきまりを知った上で，古文を音読して古典特有のリズムを味わうことで古典の世界に親しませる。**(知識・技能)**

・古典に表れたものの見方や考え方に触れ，登場人物や作者の思いなどを想像することで古典の世界を楽しませる。**(思考・判断・表現)**

・易しい現代語訳を使って『徒然草』の長い範囲を読む中で登場人物や兼好法師の思いなどを想像させる。**(思考・判断・表現)**

・「現代版『徒然草』」を書くにあたり，効果的に伝わるように説明や具体例を加えようとしたり，ユーモアをいれるなどの工夫をしたりして書くように指導する。**(思考・判断・表現)**

・古典に表れたものの見方や考え方について評価したり，自分の生活や生き方に生かそうとしたりすることが古典を味わうことにつながることを助言する。**(主体的に学習に取り組む態度)**

5．単元の指導計画

時	学習活動	指導上の留意点	主な評価規準と評価方法
1	・『徒然草』序段と『仁和寺にある法師』を音読。既習事項である文語の読み方を復習する。暗唱できるくらい，何度も音読練習をする。 ・『仁和寺にある法師』の中で筆者が言おうとしていることを想像して発表する。	・細かい文語のきまりの理解を図る前に，古典の表現に対する言語感覚を育てることを大切にする。 ・想像したことを自由に発表させる。	・正しい音読ができている。音読練習をしている。（知）【発表・観察】 ・豊かな想像をして発表している。（知）【発表】
2	・『仁和寺にある法師』の段以外の話を各班にプリント配布する。グループ毎に内容を読み深め，作者の思いを想像する。それを他の班の人に発表することを目的として話し合う。 ・第五十五段『家の作りやうは』・第八十九段『奥山に猫また』・第九十二段『ある人，弓射る事』・第百九段『高名の木のぼり』・第百十七段『友とするにわろき者』・第百二十一段『養ひ飼ふものには』を小グループ毎にそれぞれ一段ずつ配布し，話し合わせる。	・易しい現代語訳を読むことで，古典に親しんだり楽しんだりする態度を大切にする。 ・各段に表れている兼好法師の思いを想像し，読み深めるとともによくわからないところをその場で調べることができるように，図書室やパソコン室等で授業ができると良い。	・内容検討をし，作者の思いを想像しようとしている。（知）【観察】 ・想像したことを小グループで検討している。（知）【観察・ワークシート】 ・小グループで話し合ったことを言葉にして伝えている。（思）【観察・ワークシート】
3 （本時）	・現代語訳を読み，作者の思いを想像したり調べたりしたことを小グループ毎に発表する。 ・発表された内容を聞き，交流する。	・小グループで話し合ったことを，わかりやすく伝えさせる。 ・発表された内容を聞き，質問したり感想や意見を言ったりして交流させる。	・自分の考えをわかりやすく相手に伝えている。（思）【観察・ワークシート】 ・発表を聞いて自分の考えを再構築している。（思）【観察】
4	・小グループからの発表を聞き，『徒然草』について考えたことをもとに，「現代版『徒然草』～中学生編～」を書く。	・字数は三百字から四百字程度として書く。兼好法師になったつもりで，なるべく実体験をもとにした具体例やユーモアを交えて書くよう声を掛ける。	・具体例を加えようとしたり，ユーモアをいれるなど工夫したりして書いている。（思）【作品】 ・古典で学んだことを自分の生活や生き方に生かそうとしている。（主）【作品】

6．本時の指導案 （4時間扱いの3時間め）

1．目標

・古典に表れたものの見方や考え方に触れ，登場人物や作者の思いなどを想像し，古典に親しむ。

・『徒然草』の登場人物や兼好法師の思いなどを想像し，その想像や感情を言葉にして伝える。また発表を聞き，意見や感想を交流して深める。

2．評価規準／評価方法
・古典に表れた，登場人物や作者の思いなどを読み取っている。**（知識・技能）【観察・ワークシート】**
・『徒然草』の登場人物や兼好法師の思いなどを想像し，想像したことや感想を言葉にして伝えようとしている。発表を聞き，自分の考えを再構築している。**（思考・判断・表現）【観察・ワークシート】**

3．展開

時間	学習内容	評価規準と評価方法
導入	・本時の学習の目標を確認し，授業の見通しをもつ。	
展開	目標　『徒然草』を読み，小グループで話し合ったことをわかりやすく伝えよう。	
	・現代語訳を読み，想像した作者の思いや調べて分かったことを順次，小グループ毎に発表する。	・登場人物や作者の思いを読み取っている。（知）【観察・ワークシート】
	グループで話し合ったことをわかりやすく相手に伝えよう。	
	・自分のグループが担当した『徒然草』で感じたり，想像したりしたことや調べたことを，相手にわかりやすく発表する。同時に，他のグループが担当した『徒然草』を聞くことで，『徒然草』をより深く理解する。	・自分の考えを工夫しながら，わかりやすく相手に伝えている。（思）【観察・ワークシート】
	発表された内容を聞き，質問したり感想や意見を言ったりして交流しよう。	
	・他のグループの発表を聞き，質問したり意見や感想を述べたりして交流することで，自分の考えを広げる。	・発表を聞いて自分の考えを再構築している。（思）【観察】
まとめ	・本時の目標を達成できたかどうかを確認する。 ・次時に，兼好法師になったつもりで，「現代版『徒然草』〜中学生編〜」を書くことを予告する。	

Chapter 2　育成すべき資質・能力を踏まえた課題解決型の授業&評価モデル　79

7．指導の実際

第3時のワークシート

兼好法師が言いたかったことは…？

☆我が班が担当したのは第 □ 段

項目	登場人物	兼好法師の思いはこれだ！	調べたこと	我が班お薦め部分
自分の考え・班員の考え				

【生徒作品例】「現代版『徒然草』〜中学生編〜」

「日本人よ。もっと笑顔を！」

日本人は笑顔が苦手だと思う。

夏に僕は、アメリカに旅行に行った。そのとき、アメリカのスーパーマーケットで買い物をした。そのときレジに行ってみると、商品を持ってレジに行ってみると、「How are you.」と聞かれた。日本で会計をしているときにそんなことを聞かれたことなんてなかったので、驚いてしまいそんなこと何も言えなかった。でも、店員さんはニッコリと笑い、ゆっくりもう一度言ってくれた。そのとき日本もこんな感じだったら、会計も楽しくなると思った。

笑顔で接してくれる店員さんもいるが、無表情で挨拶をしている人も多いので、もっと笑顔があふれるといいと思った。

「ある学生の話」

学生はスマートフォンを持っていなかった。母親に買って欲しいと言ったら、「次の中間テストが良かったらね。」と答えた。学生は必死に勉強し、クラスで上位の成績をとれた。約束通りスマートフォンを買ってもらった。

期末テストが近づいてきた。母親に勉強しなさいと言われるが、学生はスマートフォンばかりいじっていた。その結果、クラスの最下位の成績となってしまった。そして、スマートフォンは取り上げられた…。

人は、目標を達成するまでは努力するが、目標を達成してしまうと努力をしなくなってしまう。努力を維持するために目標を次々と立てていかなければならないのかもしれない。

8．思考・判断の力を育てる指導の工夫と振り返り

　本学習では，『徒然草』という古典に生徒が親しみ，内容を楽しむといった観点を重視して取り組んだ。第五十二段『仁和寺にある法師』は教訓的な要素と笑える要素を兼ね備えた，中学生にとって親しみやすく楽しめる内容であり，現代にもつながる日本人のものの見方や考え方があふれている。

　そこで，易しい現代語訳を複数紹介することで，さらに『徒然草』への関心を高める工夫をした。文語文を読むことが理想であるが，時間の制約もある。それよりも現代語訳を効果的に使い，多くの段に触れさせることを優先したのである。今回紹介した段以外にも『徒然草』全二百四十三段中には，なるほどと思える話や笑える話，ちょっと怖い話等が多くある。その中より，小グループで紹介した段から一つ選び各グループ毎に詳しい読み取りをした。古典に親しんだり楽しんだりするということが目的なので，自由な想像を加えることも良しとした。また，わかりにくいものは調べるよう助言をしたところ，本文中にある古語（「遣り水」「蔀」など）や「連歌」などについて調べている生徒もいた。小グループで担当した段について話し合ったことを，クラスの友達に発表する際，相手にわかりやすく伝えるための方法や言葉の選択についての助言を丁寧に行なった。

　各グループの発表を聞き，意見や感想を交流する場面を設定した。ただ単に，「良かったです」だけで終わらないように，いろいろな角度からの発言をすることを条件とした。これらの取り組みから，先哲の考え方を手掛かりにして，課題について考えることや，互いの思いを伝え合うこと等を通じて，自らの考えを広げ深める対話的な学びを目指した。

　ここまでの学習活動で読み取り，内容について考えた『徒然草』の学習成果を，次につなげるために，中学生である自分が兼好法師になりきって「現代版『徒然草』〜中学生編〜」を書くという学習活動を設定した。古典を自分の生活や生き方，実社会に生かすことを目指しての取り組みである。人は表現することにより自分の思いや考えを明確にすることができ，交流することでその思いや考えを掘り下げたり改めたりして深めることができる。以上の点から今回の試みが主体的な学びにつなげられるものであると考えた。

（磯部　博子）

第2学年

6

副詞の種類と特徴，用法を理解し，
場面に応じて適切に使おう

| 文法への扉1　単語をどう分ける？（副詞の働き） | 光村図書 |

1．単元の目標

①副詞の種類とその特徴，用法について理解する。

②副詞の働きや役割を理解し，適切な使用方法について考える。

③言語についての関心をもち，適切な語句の使用について工夫する。

2．単元の概要と教材の特徴

　新学習指導要領等に向けた審議のまとめの「2，各教科・科目等の内容の見直し」「ⅱ）課題を踏まえた国語科の目標の在り方」に「『言葉の働きや役割に関する理解』は，自分が用いる言葉に対するメタ認知に関わることであり，言語能力を向上させる上で重要な要素である」とある。言葉の働きについては現行の学習指導要領でも扱うべき項目であったが，十分な指導がなされてこなかったことが指摘されている。特に，副詞については話者（筆者）の意図が如実に表れる言葉であるので，十分な指導が必要である。また，同まとめには，生徒に「創造的・論理的思考を高めるために『思考力・判断力・表現力等』の①『情報を多面的・多角的に精査し構造化する力』がこれまで以上に必要とされる」ともある。「自分の感情をコントロールすることにつながる②『感情や想像を言葉にする力』や他者との協働につながる③『言葉を通じて伝え合う力』など，三つの側面の力がバランスよく育成されることが必要である」とある。

　今回の『副詞の働き』の学習において，①については写真等を参考に事象を副詞で表現し，②については学校行事等の体験における感情や想像を副詞で表現し，③については4人班での交流によって言葉を通じて伝え合う。これらを通して言葉の力を育成することを目指している。

3．評価規準

知識・技能	思考・判断・表現	主体的に学習に取り組む態度
・副詞の種類とその特徴，用法について理解している。	・それぞれの副詞の意味や働きを理解し，場面に応じて適切に使うことができる。	・言葉の特色を認識した上で，よりよい表現をしようとしている。

4．アクティブ・ラーニングの視点及び言語活動と評価のポイント

①単元の中心となる言語活動

　本単元では，生活や風景，オリパラ等の写真等を見て，副詞を使って表現すること【課題1】，学校行事等，心に残ったことについて副詞を用いて表現すること【課題2】。そして，それらを4人班や全体で交流するという言語活動を行う。

②授業改善のためのアクティブ・ラーニングの視点

　3種類の副詞について意味や働きを調べたり，身近な事象等を副詞を使って表現したりすることによって，主体的な学びを育み，それを班や全体で交流する対話的な学びを通して深い学びを実現する。また，学習の達成感や言語のもつおもしろさをもとにして，知識・技能を実生活で活用しようという意欲を育てていく。

③観点に応じた指導のポイント

・副詞の種類，特徴，適切な使用方法，優れた表現について事例を挙げて指導する。（**知識・技能**）
・自らの感情や体験を表現するのに適切な副詞を選択させる。（**思考・判断・表現**）
・副詞を適切に使うことで表現力が向上することを実感させる。（**主体的に学習に取り組む態度**）

5．単元の指導計画

時	学習活動	指導上の留意点	主な評価規準と評価方法
1	・教科書の『文法への扉1　単語をどう分ける？』を一読し自立語について学習する。	・既習事項をもとに自立語を分類する程度とする。 ・書画カメラを使用。	・副詞の用法について理解している。（知）【**観察**】
	・教科書の問題を解く。	・この問題は既習事項で解くことができるので全員で確認する程度とする。 ・書画カメラを使用。	・副詞の用法について理解している。（知）【**観察**】
	・副詞の種類（状態の副詞・程度の副詞・呼応の副詞）とその特徴，用例について理解する。	・教科書をもとに説明する。 ・書画カメラを使用。	・副詞の種類とその特徴，用例について理解している。（知）【**観察**】
	・本時のまとめをする。 ・次時の学習内容（副詞を使ったア	・副詞の種類とその特徴・用例について復習	

Chapter 2　育成すべき資質・能力を踏まえた課題解決型の授業&評価モデル　83

		クティブ・ラーニング）についての予告を聞き，次時までの課題を理解する。	しておくように指示する。 ・3種類の副詞についてそれぞれ5つ以上，便覧や辞書等で調べてくるように課題を出す。	
2 （本時）	・前時の復習をする。 ・本時の学習内容について理解する。 ・ワークシート1に，自分が調べてきた副詞のうち同じものは線を引き，ないものは加筆する。（1）（個人） ・（1）について4人班で交流する。（交流）	・机間指導を行う。質問に答えたり，手が止まっている生徒には支援したりする。 ・書画カメラを使用。	・副詞の種類とその特徴，用例について理解している。（知）【ワークシート】
	・【課題1】・【課題2】に取り組む。（ワークシート2）（個人）	・机間指導を行う。質問に答えたり，手が止まっている生徒には支援したりする。	
	【課題1】＜写真等＞を参考に3種類の副詞を使った短文をそれぞれ2つ以上作る。	・〈写真等〉は日常生活の写真や風景写真，オリパラ関係等，個人情報や著作権に注意して写真等を選ぶ。	・副詞の働きや役割を理解し，適切に使用することができる。（思）【ワークシート】 ・感情や想像したことを工夫して言葉にしている。（思）【ワークシート】
	【課題2】運動会・合唱コンクール・移動教室等の行事を振り返って，自分の気持ちを3種類の副詞を使ってそれぞれ2つ以上表現する。 ・【課題1】・【課題2】について4人班で交流する。その中で，3種類の副詞について優れた表現をそれぞれ1つずつ選びミニ黒板に書く。（交流） ・各班のミニ黒板を黒板に貼り，全体でシェアし，優れた表現について学ぶ。（交流） ・副詞の種類と特徴，用例，優れた表現についてまとめを行う。	・机間指導を行う。質問に答えたり，手が止まっている生徒には支援したりする。 ・4人班で交流するときに言葉だけでは伝わりにくいので，短文を記入したワークシート2を示して話す。 ・個人で学習の振り返りをするよう指導する。	・自分の意思や主張を伝達し，また相手の意図や感情を読み取っている。（思）【ワークシート】 ・様々な事象に触れたり体験したりして感じたことを副詞を使って表現しようとしている。（主）【ワークシート】

6．本時の指導案（2時間扱いの2時間め）

1．目標

・副詞の種類とその特徴，用法について理解し，適切な使用方法を習得する。

・使われている副詞を通して，相手の感情や様子・意図等を適切に理解する。

・言葉がもつ曖昧性や表現による受け取り方の違いを認識した上で，体験したことや感じたことを言葉で表現しようとする。

2．評価規準／評価方法

・副詞の種類，特徴，適切な使用方法，優れた表現について理解している。**（知識・技能）**【ワークシート】

・事象や体験を適切な副詞で表現するとともに，相手の意図，感情を読み取っている。**（思考・判断・表現）**【ワークシート】

・体験や感情を副詞で表現し，進んで交流している。**（主体的に学習に取り組む態度）**【ワークシート】

3．展開

時間	学習内容	評価規準と評価方法
導入	・本時の学習の目標を確認し，授業の見通しをもつ。	
展開	目標　副詞を上手に使おう。	
	・ワークシート1に，自分が調べてきた副詞のうち同じものは線を引き，ないものは加筆する。（1）（個人） ・（1）について4人班で交流する。（交流）	・副詞の種類とその特徴，用例を理解している。（知）【ワークシート】
	【課題1】・【課題2】に取り組む。（個人） 【課題1】写真等を参考に3種類の副詞を使った短文をそれぞれ2つ以上作る。 【課題2】運動会・合唱コンクール・移動教室等の行事を振り返って，自分の気持ちを3種類の副詞を使ってそれぞれ2つ以上表現する。	
	【課題1】・【課題2】について4人班で交流する。その中で，3種類の副詞について優れた表現をそれぞれ1つずつ選びミニ黒板に書く。（交流）	
まとめ	・各班のミニ黒板を黒板に貼り，全体でシェアし，優れた表現について学ぶ。（交流） ・本時の目標を達成できたか確認する。 ・本時の学習を振り返り，副詞の種類と特徴，用例，優れた表現についてまとめを行う。（個人）	・副詞の意味を生かし適切に使っている。（思）【ワークシート】 ・副詞を有効に使って表現しようとしている。（主）【ワークシート】

Chapter 2　育成すべき資質・能力を踏まえた課題解決型の授業＆評価モデル　85

7．指導の実際

第2時のワークシート

■調べてきた副詞が下表の中にあるときは線を引き，ない場合は空欄に書きなさい。

			呼応の副詞			程度の副詞					状態の副詞
	ちょうど～ようだ	なぜ～か	おそらく～だろう		もっと	もう		ぐんぐん	ゆっくり	はっきり	ちょこんと
	たとえ～仮定（しても）	どうして～か	たぶん～だろう		やや	いっそう		のそのそ	ほんのり	のんびり	きらきら
	もし～仮定（しても）	まさか～ないだろう	さぞ～だろう		ずいぶん	よほど		ゴロゴロ	すでに	たえず	いつも
	よしんば～仮定（しても）	よもや～ないだろう	ちっとも～ない		だいぶ	わずか		ただちに	さっそく	すっと	カタンコトン
	とうぜん～だ	どうぞ～願望（たい）	決して～ない		たいへん	かなり		ふと	じっと	しきりに	いささか
	きっと～だ	ぜひ～願望（たい）	全く～ない		ごく	まだ		すっかり	しばらく	そっと	ザアザア
	むろん～だ	どうか～願望（たい）	全然～ない		ずっと	実に		いきなり	カタコト	さらさら	ワンワン
		まるで～ようだ	めったに～ない			少し			たまに	すぐ	こっそり

第2時のワークシート

【課題1】写真等を参考に三種類の副詞を使った短文をそれぞれ二つ以上作る。

（　）組（　）番（　　　　　）

- 状態の副詞
- 程度の副詞
- 呼応の副詞

【課題2】運動会・合唱コンクール・移動教室等の行事を振り返って、自分の気持ちを3種類の副詞を使ってそれぞれ2つ以上表現する。

- 状態の副詞
- 程度の副詞
- 呼応の副詞

【本日の学習の振り返り（学んだこと・印象に残ったこと）】

8．思考・判断の力を育てる指導の工夫と振り返り

　今回の『副詞の働き』を学習する授業では，思考力・判断力・表現力等を身に付けるために新学習指導要領等に向けた審議のまとめに示された「国語科における学習過程のイメージ」の中の3つの側面からアプローチしている。つまり，写真等を参考に事象を副詞で表現することによって「情報を多面的・多角的に精査し構造化する力」を育成すること，学校行事等の体験における感情や想像を副詞で表現することによって「言葉によって感じたり想像したりする力，感情や想像を言葉にする力」を育成すること，4人班で交流したり全体でシェアしたりすることによって「言葉を通じて伝え合う力」を育成することを目指している。

　振り返りの場面では，自分が作成した短文が4人班や全体でどのように評価されたか等，また，単元や本時の目標を達成することができたかを十分に自己評価させることによって，自分の学びを実感し，新たな目標をもてるようにしていく。

（片山　富子）

第3学年

1

課題解決に向けて会議を開く

| 話し合って提案をまとめよう | 光村図書 |

1．単元の目標

①観点に沿って，意見や提案を絞り込んでいくための発言の仕方や進行の仕方を理解して，話合いを建設的に進められるようにする。

②合意の形成に向けて，相手の立場を考えて共通点・相違点を整理したり，目的やゴールに応じて意見を見直したりして，進行の仕方を工夫して話し合う。

③考えを伝え合うことで，集団としての考えを発展・進化させようとするとともに，異なる考えを理解して，自分のものの見方，考え方を深めようとする。

2．単元の概要と教材の特徴

　新学習指導要領第3学年「話すこと・聞くこと」の指導事項に「オ　進行の仕方を工夫したり互いの発言を生かしたりしながら話し合い，合意形成に向けて考えを広げたり深めたりすること」とある。課題の解決に向けて話合いによって意見をまとめるためには，互いの考えの共通点・相違点を整理し，個々の意見を集団の意見として再構築する必要がある。他の考えに安易に迎合するのではなく，課題の解決のために，それぞれの異なる考えを生かしながら，互いが理解し納得した上での合意形成を目指して話し合うことが大切である。今回は，話合いのテーマの設定とその課題の解決方法について，グループでブレーンストーミングを行い提案を決め，クラス全体で一つにまとめる授業を展開する。

3．評価規準

知識・技能	思考・判断・表現	主体的に学習に取り組む態度
・観点に沿って意見や提案を絞り込んでいくための進行の仕方や発言の仕方を理解している。	・合意の形成に向けて，相手の立場を考えて共通点・相違点を整理したり，目的やゴールに応じて意見を見直したりして，工夫して話し合っている。	・考えを伝え合うことで，集団としての考えを発展・進化させようとしている。 ・異なる考えを理解して，自分のものの見方，考え方を深めようとしている。

４．アクティブ・ラーニングの視点及び言語活動と評価のポイント

①単元の中心となる言語活動

　前述した新学習指導要領第３学年「話すこと・聞くこと」には，言語活動例として「イ　互い
の考えを生かしながら議論や討論をする活動」が示されている。社会生活において課題の解決に
向けて行う話合いでは，相手を説得するために意見を述べることとともに，参加者全員の合意を
形成することが重要である。

　そのためには，話合いの目的を参加者全員が理解し，論点を確実に把握することは欠かせな
い。話合いの授業を行う際には，小学校段階から何のための話合いなのか「目的意識」をもた
せることが必要である。本単元では，目的に沿って全員が課題の解決のために話し合えるよう，
グループ，クラス全体と二段階の話合いを二回設定した。

②授業改善のためのアクティブ・ラーニングの視点

　話合いは協働・調整の作業である。自分や自分たちの提案を伝え，相手を説得しようとする
とともに，目的や話合いの流れに応じて自分の意見を見直したり，他の意見を取り入れたりす
ることが必要となる。また，進行役である司会との協力も欠かせない。そうした参加者全員の
合意を形成するためには，参加者自身が目的や必要性を意識して取り組める話合いであること
が重要である。

　本単元では，社会生活の中から話合いのテーマを設定する。生徒が実社会や実生活との関わ
りを意識して，現代の社会問題や自己の生活の仕方について考えることのできる課題を設定す
る必要がある。そのためには，自分たちが社会や町のためにできることや提案したいこと，学
校の伝統として残したいことなど，日常生活から一歩外に出た社会的なテーマ設定が有効であ
る。ここでは「○○市への提案～みんなが過ごしやすい市に～」とのテーマを仮に設定するが，
これは生徒や学校，市区町村の実態に応じて決めていくことが適切である。グループでのブレ
ーンストーミングから全体会議という流れを二回行うことで，「主体的で対話的な深い学び」
の実現に迫ることができると考えた。

　ブレーンストーミングの際には，模造紙を活用して生徒が自分の考えを可視化できるように
するとともに，自分やグループの思考をたどり，自分が表現したり理解したりした言葉を捉え
直すことができるようにした。学習を振り返る際，自分の学びを自覚して自己評価に生かすこ
ともできる。

③観点に応じた指導のポイント

・観点に沿って，意見や提案を絞り込んでいくための進行の仕方や発言の仕方を指導する。
　（知識・技能）

・場に応じた言葉を使って話し合うことが，話合いを建設的に進めるポイントであることを指導する。**（知識・技能）**

・合意の形成に向けて，必要なことを考えさせ，例えば相手の立場を考えて共通点・相違点を整理したり，目的やゴールに応じ意見を見直したりすることの重要性に気付かせる。**（思考・判断・表現）**

・考えを伝え合うことが，集団としての考えを発展・進化させることにつながることに気付かせる。**（主体的に学習に取り組む態度）**

・異なる立場を理解することが，自分のものの見方，考え方を深めることを実感させる。**（主体的に学習に取り組む態度）**

5．単元の指導計画

時	学習活動	指導上の留意点	主な評価規準と評価方法
1	・教科書により単元の流れを確認し「合意を形成する」という話合いのゴールを理解する。 ・教科書により既習事項の確認を行い，話合いの進行や発言の仕方をノートにまとめる。 ・グループでブレーンストーミング①を行い，社会生活の中から解決を図るべき課題を一つに絞り込む。	・「学習の見通しをもとう」を拡大して提示する。 ・教科書の既習部分や学習の窓等を活用し，板書して説明する。 ・六つのグループをつくり，模造紙とマジックを配布する。 ・話し合いながら，各自模造紙に自由に記載するよう助言する。	・観点に沿って意見や提案を絞り込んでいくための進行の仕方や発言の仕方を理解して話し合っている。（知）**【観察・ノート】** ・考えを伝え合うことで，集団としての考えを発展・進化させようとしている。（主）**【観察・ノート】**
2	・前時のブレーンストーミング①を振り返り，進行や発言の仕方について再度理解する。 ・全体会議①を行い，解決を図るべきテーマを一つ決める。 ・決まったテーマについての解決方法を個人で考え，再度グループでブレーンストーミング②を行う。 ・提案決定後，質問や反論を予想して回答を考える。	・ノートの記載内容から意図的に指名する。 ・司会と書記はあらかじめ教師から指名しておく。 ・テーマが決まらない場合は最終的に教師が決める。 ・生徒が個人で考える時間を確保する。 ・六つのグループをつくり，模造紙とマジックを配布する。 ・キーワードや記号などで簡潔に記載するよう助言する。	・合意の形成に向けて，進行の仕方を工夫して話し合っている。（思）**【観察・ワークシート・模造紙】** ・考えを伝え合うことで，集団としての考えを発展・進化させようとしている。（主）**【観察・ワークシート】**

3（本時）	・前時の全体会議①とブレーンストーミング②を振り返り，進行や発言の仕方について再度理解する。 ・各グループで提案について相談する。 ・全体会議②を行い，解決方法として実行する提案を一つ決める。	・ワークシートの記載内容から意図的に指名する。 ・短時間で終える。 ・録画，もしくは録音の準備をする。 ・司会と書記は事前に本人からの申し出によって決める。 ・時間を意識して決めるよう助言する。	・合意の形成に向けて，進行の仕方を工夫して話し合っている。（思）【観察・ワークシート】 ・話合いを建設的に進められるよう意識している。（主）【観察】
4	・進行や発言の仕方について再度理解する。 ・前時の画像，もしくは音声を確認する。 ・前時の全体会議②について，グループでブレーンストーミング③を行う。 ・班の代表者が発表する。	・教科書や前時までの発言を活用して確認する。 ・教師が考えるポイントのみを生徒に流す。 ・六つのグループをつくり，模造紙とマジックを配布する。	・異なる立場を想定して，自分のものの見方，考え方を深めようとしている。（主）【観察・ノート】

6．本時の指導案（4時間扱いの3時間め）

1．目標

・全員が納得できる解決方法を決めるために，意見を相手に伝えるだけでなく，異なる立場を尊重して自分の意見と比較して見直しながら話合いをする。

2．評価規準／評価方法

・合意の形成に向けて，相手の立場を考えて共通点・相違点を整理したり，目的やゴールに応じて意見を見直したりして，進行の仕方を工夫して話し合っている。（**思考・判断・表現**）【観察・ワークシート】

・話合いを建設的に進められるように意識している。（**主体的に学習に取り組む態度**）【観察】

3．展開

時間	学習内容	評価規準と評価方法
導入	・前時の全体会議①とブレーンストーミング②を振り返る。 ・進行や発言の仕方について，教科書を参考に再度確認する。	

Chapter 2　育成すべき資質・能力を踏まえた課題解決型の授業＆評価モデル　91

	・本時の学習の目標を確認し，授業の見通しをもつ。	
	目標　意見を伝えることと，相手の立場を尊重して自分の意見と比較して見直すことに注意し，全員が納得できる提案にしよう。	
展開	・クラス全員で納得できる解決方法を提案することを確認する。 ・グループで前時の提案について確認する。	
	話合いの進め方に注意して全体会議②をしよう。	
	※本人からの事前の申し出によって司会と書記を決め，大まかな進行については指示しておく。 ・時間を意識して進める。 ・各グループから提案を発表する。 　※書記は黒板に板書していく。 ・六つの提案について，観点を決めて整理できないか意見を求める。 ・整理していく中で実現可能かどうかも考える。 ・クラスの提案を決定する。	・合意の形成に向けて，相手の立場を考えて共通点・相違点を整理したり，目的やゴールに応じて意見を見直したりして，進行の仕方を工夫して話し合っている。（思）【観察・ワークシート】
まとめ	・本時の授業を振り返り，目標を達成できたかを確認する。	・話合いを建設的に進められるよう意識している。（主）【観察】

7．指導の実際

第3時のワークシート

話し合って提案をまとめよう学習プリント

目標：意見を伝えることと、相手の立場を尊重して自分の意見と比較して見直すことに注意し、全員が納得できる提案にしよう。

★前回の全体会議①の課題

★前回のブレーンストーミング②の課題

↓二つの課題を改善して、全員が納得できる提案にしよう！

★全体会議②を振り返って

①全員が納得できる提案にすることができたか。「　　」

②グループの意見をクラスに伝えることはできたか。「　　」

③自分の意見と他の意見を比較して共通点や相違点は見つけられたか。「　　」

④これまでの課題は改善できたか。「　　」

⑤

8. 思考・判断の力を育てる指導の工夫と振り返り

新学習指導要領に示されている「主体的・対話的で深い学び」の実現については，これまでも進めてきている言語活動を充実させ，生徒の学びの過程の質の向上を図る必要がある。それぞれの学びを学習活動において，どのように取り入れ，どのような力をつけていくのかを明らかにすることが求められている。

話合いにおいて思考・判断の力を育むためには，頭の中で考えたことを可視化する必要がある。また，音声による言葉によってやり取りされる点においても，その経緯が目に見える形になることには意味がある。

本単元では，グループでのブレーンストーミングの際に模造紙をグループの中央に置き，生徒が自分の考えや他の意見を書き出しながら話合いを行う。大きな画用紙やホワイトボードを活用することもできる。模造紙の中央には話合いのテーマを書き，それ以外は生徒に任せ，書きやすい場所に書きやすい向きで好きな内容を書かせるようにする。文章で書いても構わないが，キーワードや言葉，記号や絵などで表現することも可能である。話合いを進めながら生徒自身が考えたことを自由に書き出させるようにすることが大切である。

「深い学び」の実現に向けて，生徒自身が自分やグループの思考をたどり，自分が表現したり理解したりした言葉を捉え直すことは重要である。特に，音声による言葉は文字による言葉と異なり，話したことが形として残らない。互いの考えを検討し合うためには，完全な形でなくとも話合いを振り返ることができる補助的なメモリは欠かせない。

また，「目的意識」をもって何のために話し合うかを意識しながら話し合うことは，小学校からスパイラルに繰り返し指導しなければならない。本単元においても話合いの「目的」については確認を行う。その上で互いの立場や考えの違いを踏まえて話し合う力を身に付けさせるため，話し合う際に合意の形成に向けて進んでいるかを教師が適宜助言する。具体的には「話合いの方向はそれでよいか」，「全員の意見を検討しているか」，「納得できてない人はいないか」等の声かけである。

意見や提案を絞り込んでいくための進行や発言の仕方，建設的に話合いを進めていくための言葉については第一時に指導する。話合いの時間を確保するには，それらを効果的に使うことを含め，短時間で生徒に確認させることが大切である。その際，話合いの流れを切らずにすべてのグループに伝えることを考え，話合いの冒頭に全体に向けて一斉に指導することも一つの方法である。

（加藤　則之）

第3学年

2

広告のキャッチコピーを批評しよう
～効果的な表現の仕方について考える～

| 広告を批評する | 教育出版 |

1．単元の目標

①表現の技法や語句の使い分けなどに注意しながら表現の工夫とその効果について考える。

②取材を繰り返しながら効果的な表現の仕方について自分の考えを深めるとともに，自分の考えを読み手に納得させる構成を工夫して文章を書く。

③表現の仕方や構成の工夫について互いの考えを伝え合い，自分の考えを深めようとする。

2．単元の概要と教材の特徴

　本単元は，広告のキャッチコピーを取材し，構成を工夫して400字程度の批評文を書く活動を通して，「課題設定・取材」及び「構成」を重点的に学習させることをねらいとしている。

　広告のキャッチコピーは，広告を作成した目的を効果的に達成するため，様々な表現の工夫が凝らされている。それらの表現の効果を，書き手の意図と照らし合わせて批評させることで，既習の表現技法や語句の知識等を活用させ，生徒の考えを深めさせる。今回は，生徒が日常の生活でも関心をもっており，パンフレットやチラシなどの資料を集めることが容易な商品広告のキャッチコピー（以下「キャッチコピー」）を取材の対象とする。

　また，『伝え合う言葉　中学国語2』（教育出版）では，意見文を書く際に，頭括型，尾括型，双括型の特徴について学習するようになっている。ここで学習した知識や技能を活用させながら，自らの意図に応じて効果的な構成を考える力を高めたい。

3．評価規準

知識・技能	思考・判断・表現	主体的に学習に取り組む態度
・表現の技法や和語・漢語・外来語などの使い分け等に注意し，キャッチコピーに見られる表現の工夫とその効果を理解している。	・表現のよさや特性等について，書き手の意図と表現の工夫・効果とを関連付けながら自分の考えを書いている。 ・自分の批評を読み手に納得させるために効果的な表現を工夫し，論理的に説明している。	・互いの批評や構成の工夫について，疑問点や改善案，よくなった点などを伝え合うことで，自分の考えを深めようとしている。

4．アクティブ・ラーニングの視点及び言語活動と評価のポイント

①単元の中心となる言語活動

　新学習指導要領第3学年「書くこと」の言語活動例には「ア　関心のある事柄について批評するなど，自分の考えを書く活動」が示されている。そのためには，関心のある事柄について，関連する事柄や背景などにも関心をもたせ，客観的，分析的に物事を見る姿勢をもつことが大切である。本単元では，関心のあるキャッチコピーを選び，観点を明確にして分析するとともに，他の生徒との対話を通して自分の考えを別の角度から見直しながら批評文を書く学習活動を行う。

②授業改善のためのアクティブ・ラーニングの視点

　主体的な学びの実現に向けて，単元の振り返りを行う時間を十分に設定する。その際，本単元の学習において，互いの考えを伝え合うことで自分の考えがどのように深まったのかを生徒自身が説明したり評価したりできるように，取材，構成，記述の過程で考えたことや伝え合った内容を，ワークシートや付箋に書かせ，記録として残させる。

　対話的な学びの実現に向けて，取材メモや構成メモ，批評文を互いに読み合い，疑問点や改善案，よくなった点などを伝え合う場面を設定する。その際，他者の分析や構成の工夫が適切かどうかを客観的，分析的に考えさせることが重要となる。そこで，商品の特徴，表現の技法とその効果，書き手の意図，構成メモ，構成を工夫した理由，批評文を一枚のワークシートに書かせ，それらを比較・関連付けながら考えさせる。

　深い学びの実現に向けて，既習事項の活用の仕方を教員が教える場面を設定する。いきなり生徒に思考・判断・表現をさせても学びが深まらない場合がある。そこで，今回は，表現の技法や語句の知識，構成の特徴等を整理し，本単元の課題解決にどう活用できるのかを，具体的に理解させ，生徒が見通しをもって既習事項を活用し，考えを深められるようにする。

③観点に応じた指導のポイント

・表現の技法や和語・漢語・外来語などの意味や働きの違いについて整理させてから，キャッチコピーの表現の工夫とその効果を考えさせる。**（知識・理解）**
・キャッチコピーの表現の特徴等について，書き手の意図と「表現の工夫とその効果」とを関連付けながら考えるよう指導する。**（思考・判断・表現）**
・自分の批評の観点や結論と内容を明確にした上で，読み手の理解度を想定しながら文章を書くよう助言する。**（思考・判断・表現）**
・効果的な表現の仕方や構成の工夫について，他の生徒の考えを生かして自分の考えを深めるよう助言する。**（主体的に学習に取り組む態度）**

Chapter 2　育成すべき資質・能力を踏まえた課題解決型の授業＆評価モデル　95

5．単元の指導計画

時	学習活動	指導上の留意点	主な評価規準と評価方法
1	・単元の目標及び本時の目標を理解し，学習の見通しをもつ。 ・複数のキャッチコピーの実例を読み，作成する目的などキャッチコピーの特徴について理解する。 ・頭括型，尾括型，双括型で書かれた批評文のモデル（400字程度）を読み比べ，構成が異なると読み手の受ける印象や納得する度合いが異なることに気付く。 ・各構成の特徴を整理し，題材，読み手，批評文の字数等が変われば，効果的な構成も変わることを理解する。 ・キャッチコピーを分析する際に既習の表現技法や語句の知識等をどのように活用できるかを理解する。 ・各自で事前に準備しておいた関心がある商品のパンフレット等を読み，気に入ったキャッチコピーを数点選んでワークシートに書き抜き，2〜4人班で互いが選んだキャッチコピーのよさや特性等について話し合う。 ・書き抜いたキャッチコピーの中から，批評の対象としたいものを一つ選び，取材メモを作成する。	・キャッチコピーを批評することで効果的な表現の仕方について考えを深めるという学習の意義を伝える。 ・既習事項を想起させ，生徒の発言やつぶやきを取り上げながら，テンポよく要点のみをまとめる。 ・モデル文や実際のキャッチコピーなど具体例を通して理解させる。 ・事前に複数のパンフレット等を準備させておく。環境が整っていれば，ネット検索させてもよい。 ・資料の不足等が生じた場合は，次回までに取材させる。	・表現の技法や和語・漢語・外来語などの使い分け等に注意し，キャッチコピーにみられる表現の工夫とその効果を説明している。（知）【取材メモ】
2 （本時）	・前時に学習した各構成の特徴や分析に活用できる表現の技法・語句の知識等について振り返る。 ・各自が作成した取材メモを基に，批評文（400字程度）を書くための構成メモを作成する。 ・互いの取材メモと構成メモを読み合って助言し合い，キャッチコピーの分析や構成を修正する。	・具体例を挙げながら振り返らせる。 ・選んだキャッチコピーの特徴に適した構成を工夫させる。 ・資料の不足等が生じた場合は，次回までに取材させる。	・自分の意見を読み手に納得させるための効果的な構成を工夫し，その理由も説明している。（思）【構成メモ】
3	・必要に応じて集めた資料や修正した取材メモ・構成メモを基に，批評文（400字程度）を書く。 ・批評文を互いに読み合い，評価し合う。 ・以下の観点から単元の学習を振り返る。 　①他の生徒の考えをどのように生かしてキャッチコピーの分析を深めたか。 　②他の生徒の考えをどのように生かして効果的な構成を工夫したか。 　③今回の学習で学んだことを，今後，どのように生かしたいか。	・本単元の学習のねらいである「キャッチコピーの表現に対する分析」や「効果的な構成の工夫」について相互評価させ，コメントを付箋に書いてワークシートに貼らせる。	・表現のよさや特性等について，書き手の意図と表現の工夫・効果とを関連付けながら自分の考えを書いている。（思）【批評文】 ・互いの批評や構成の工夫について，疑問点や改善案，よくなった点などを伝え合うことで，自分の考えを深めようとしている。（主）【ワークシート】

6．本時の指導案（3時間扱いの2時間め）

1．目標

・自分の批評を読み手に納得させるための効果的な構成を考える。

2．評価規準／評価方法

・自分の意見を読み手に納得させるための効果的な構成を工夫し，その理由も説明している。

（思考・判断・表現）【構成メモ】

3．展開

時間	学習内容	評価規準と評価方法
導入	・本時の学習の目標を確認し，授業の見通しをもつ。	
	目標　自分の批評を読み手（クラスメイト）に納得させるための効果的な構成を考える。	
展開	・前時に学習した各構成の特徴や分析に活用できる表現の技法・語句の知識等について振り返る。 ・自分の批評の結論とその根拠を明確にする。	
	取材メモを基に，自分の批評の結論とその根拠を考えよう。	
	※取材したキャッチコピーの表現のよさや特性等を一言でまとめ，結論としてピンク色の付箋に書く。 ※分析した内容の要点を，結論を支える根拠として2〜4点程度にまとめ，青色の付箋に書く。 ・自分が伝えたいことを読み手に納得させるために効果的な構成を考える。	
	自分が伝えたいことをクラスメイトに納得させるには，付箋に書いた内容をどのような順序で伝えると効果的か，付箋を動かしながら考えよう。	
	※付箋を読み直し，クラスメイトにとって理解しにくいと思われる内容には△印を付け，どの順序で伝えると納得させられるかを考える。 ※構成を決めたら，なぜその構成にしたのかという理由を書く。 ・互いの取材メモと構成メモを読み合い，助言し合う。	
	①キャッチコピーの表現についての分析は適切か（別の角度から分析できないか）。 ②キャッチコピーの表現のよさや特性等が納得できる順序で構成されているか（他の順序は考えられないか）。という二つの観点で互いの取材メモと構成メモを読み合い，疑問点や改善案を伝え合おう。	
まとめ	※四人程度の班で回し読みする。二つの観点に沿って，できる限り批判的に考え，疑問点や改善案を黄色の付箋に書いてワークシートに貼る。 ・助言を参考にし，分析や構成を修正する。 　※先に書いた内容は消さずに，赤字で修正する。 　※よい分析には追加取材が効果的なことを助言する。 ・本時の学習を振り返り，目標を達成できたかを確認する。	・自分の意見を読み手に納得させるための効果的な構成を工夫し，その理由も説明している。（思）【構成メモ】

7．指導の実際

第1時で使用する批評文のモデル

◎ 構成の工夫について考えよう。
次の三つの批評文は、どれも同じキャッチコピーを批評したものだが、構成が異なっている。どの批評文が最も納得できるかを考えながら読み比べよう。

キャッチコピー 「さらさらと、さらさらと流れてゐるのでありました」〈商品 ボールペン〉

批評文1
このキャッチコピーは、ボールペンを使う人の多くが望む「滑らかな書き心地」を、有名な詩の一部の巧みな引用によって読み手に強く印象付け、使ってみたいと思わせる。この点が、実に見事である。
「筆記具に関する調査」《Q新聞》〈二〇一六年〇月〇日夕刊〉によると、ボールペンを使っている人は、滑らかに楽に書けるボールペンが欲しいのである。このキャッチコピーは、中原中也の詩「一つのメルヘン」からの引用で、本来は「水はさらさらと……」の省略により、何が流れているのかは読み手の想像に任される。また、これは中原中也の詩「一つのメルヘン」からの引用で、本来は「水はさらさらと……」と書かれているものだ。しかし、「水は」の省略により、何が流れているのかは読み手の想像に任される。商品を見ながらこれを読んだ人は、ボールペンが紙の上に軽快に文字を書いている情景を想像して「楽に書けそうだ」と思い、使ってみたくなるはずである。

批評文2
これは中原中也の詩「一つのメルヘン」からの引用で、本来は「水はさらさらと……」と書かれているものだ。しかし、「水は」の省略により、何が流れているのかは読み手の想像に任される。商品を見ながらこのキャッチコピーを読んだ人は、ボールペンが紙の上に軽快に文字を書いている情景を想像し、「これなら楽に書けそうだ」と思うだろう。「このボールペンは柔らかく滑らかに書けます」というメッセージを強調して読み手に伝えている。「筆記具に関する調査」《Q新聞》〈二〇一六年〇月〇日夕刊〉によると、ボールペン使用者が最も重視しているのは「書き心地」である。また、「スムーズに」や「円滑に」などと書かず、ひらがなで「さらさらと」を反復することで読み手に強く印象付け、使ってみたいと思わせる。この点が、実に見事なのである。

批評文3
このキャッチコピーのよさは、有名な詩の一部を巧みに引用することで、商品の特徴を読み手の心に強く訴えかけているところにある。これは中原中也の詩「一つのメルヘン」からの引用で、本来は「水はさらさらと……」と書かれているものだ。商品を見ながらこのキャッチコピーを読んだ人は、ボールペンが紙の上に軽快に文字を書いている情景を想像し、「これなら楽に書けそうだ」と思うだろう。また、「スムーズに」や「円滑に」などと書かず、ひらがなで「さらさらと」を反復することで、「このボールペンは柔らかく滑らかに書けます」というメッセージを強調して読み手に伝えている。「筆記具に関する調査」《Q新聞》〈二〇一六年〇月〇日夕刊〉によると、ボールペン使用者が最も重視しているのは「書き心地」である。「水は」の省略により、何が流れているのかは読み手の想像に任される情景を想像して「楽に書けそうだ」と思い、このキャッチコピーは、多くのボールペン使用者が求めている滑らかな書き心地を読み手に強烈に印象付け、使いたいと思わせる見事なキャッチコピーなのである。

第1時・第2時の取材メモ・構成メモ

取材メモ	構成メモ
キャッチコピー 商品（　　　　　　） 商品の特徴 〈書き手の意図（誰に？何を？なぜ伝えたいのか？）〉 ・誰に？ ・何を？ ・なぜ？（実態・背景等） 〈表現の工夫とその効果〉	〈構成メモ（付箋を貼る。結論→ピンク，根拠→青）〉 〈この構成にした理由（工夫の意図）〉

※この下に400字詰め原稿用紙をつなげてB4版ワークシートにする

8. 思考・判断の力を育てる指導の工夫と振り返り

本単元では，思考・判断の力を育てる指導について，主に以下の２点を工夫する。

１点目は，キャッチコピーの表現の仕方について分析的に考えさせる工夫である。キャッチコピーなどの表現の仕方を批評する際には，表現の技法や語句の知識等を活用しながら，その書き手の意図・目的が，その表現によってどの程度達成されているかという観点から評価することが重要となる。このような観点を明確にして評価させないと，生徒が主観的，印象的な評価だけをしてしまい，考えを深められなくなることがある。そこで，生徒に考えさせる前に，モデル文を使って，評価の観点に基づいて表現の技法や語句の知識等を活用する方法を教える場面を設定した。単に既習の知識を想起させるのではなく，既習の知識が今回の課題の解決にどのように活用できるのかを理解させるのである。今回は，表現の仕方を評価する際に書き手の意図と表現の工夫・効果とを関連付けて考えることに課題がみられるという生徒の実態を踏まえて，書き手の意図と表現の工夫・効果とを関連付けて分析する批評をモデル文とした。生徒の実態に応じてモデル文を作成することで効果的な指導ができるであろう。

２点目は，自分の批評を読み手に納得させるための効果的な構成を考えさせる工夫である。構成を工夫する際に重要となるのは，自分の伝えようとしていることのうち，読み手が容易に理解できる部分とそうでない部分などを想定し，どのような順序で示すと読み手を納得させられるかを考えることである。この順序は，字数の制限，結論や根拠の内容，読み手の知識・理解力等に応じて変える必要がある。このような思考・判断を全て頭の中で行うのは，中学生にとっては困難である。そこで，①批評文に書きたい結論や根拠の要点を付箋に書く，②読み手（クラスメイト）にとって理解しにくいと思われる内容には△印を付ける，③読み手に納得させるための作戦を考えながら付箋を移動する，という思考の手順を可視化した作業に取り組ませることで，生徒が思考を深められるようにした。

また，振り返りでは，生徒が自分の学びや変容を見取ることができるようにするため，取材メモ，構成メモ，批評文，と一連の思考の過程がＢ４一枚のワークシートで見渡せるよう工夫した。このワークシートを見直すことで，生徒は自分の思考の過程をたどり，自分の思考の深まりを自覚し，説明することができるようになるものと考える。

さらに，本単元で学んだことをどう生かすかという視点をもたせることも主体的な学びのために重要である。本単元で学習する批評や構成の工夫は，読むことの学習で行う批評，音楽や美術の鑑賞で行う批評，他教科等で作成する学習新聞等のタイトルや構成を考える際などにも活用できる。他教科等で，いつどのような学習を行うのかという情報を教員間で共有し，生徒が自分の学習の成果や課題を関連付けながら学びを深めることができるよう年間の指導計画を立てたい。単元の振り返りの際には，今後，いつどのような学習でどう活用できるのかということを具体的に生徒に示しながら，振り返りをさせると効果的である。

（鈴木　太郎）

第3学年

第1学年
第2学年
第3学年

3
第3学年

小説を読み比べ，
「人間とは○○な生きものである」と表現してみよう

| 高瀬舟 | 光村図書 |

1．単元の目標

①文脈における語句の効果的な使い方に気付き，観点を決めて場面の展開や登場人物などの設定の仕方を捉え，内容の理解に役立てる。

②小説に描かれた人物の生き方や考え方，社会の状況について，自分の考えをもつ。

③展開や登場人物の設定の仕方に着目して芥川龍之介『鼻』と読み比べ，「人間とは○○な生きものである」と表現する。

2．単元の概要と教材の特徴

　小説や物語を通して，私たちは人間の複雑な心理に気付いたり，登場人物の生き方や考え方に共感したりして，人間や社会に対する理解を深めている。進路を見据えた中学3年生にとって，人間の生き方を考える上で，読書が自己形成に与える影響は大きいと思われる。

　そこで，本単元を夏休み前の読書指導へと続く単元と位置付け，生徒の主体的な読みを育てる指導を工夫した。観点を決めて登場人物の設定の仕方を読み解いたり，他の小説と比較読みしたりすることで，小説を客観的・分析的に読むことを目標とする。そのため，他者と意見を交流させて，自分の考えの形成に役立てるアクティブ・ラーニングを取り入れ，個々の読みを深める学習活動を授業に取り入れる。

　『高瀬舟』は大正7年に発表された森鴎外の後期の歴史小説である。前半は，弟殺しの罪で遠島となる喜助の表情に浮かぶ「知足の境地」，後半は，安楽死がテーマとなっている。一方，『鼻』は芥川龍之介の初期の歴史小説で，人間の自尊心や本当の幸福とは何かについて考えさせる小説である。他の作品と読み比べる学習を通して，作品の特色に近づき，人間や社会などについて自分の考えをもつという学習をめざすことができると考える。

3．評価規準

知識・技能	思考・判断・表現	主体的に学習に取り組む態度
・文脈の中における語句の効果的な使い方や表現上の工夫に注意して読むことができる。	・登場人物のものの見方や考え方の違いに気付き，自分と比較している。 ・他の作品と比較し，共通する	・学び合いを通して，主体的に課題に取り組もうとしている。 ・登場人物の生き方や考え方について，友達と意見を交流させ，

100

| ・観点を決めて場面や登場人物の設定の仕方を読み取り，内容を理解している。 | ことがら等を見つけて登場人物の言動や心情を批評している。 | 考えを深めようとしている。 |

4．アクティブ・ラーニングの視点及び言語活動と評価のポイント

①単元の中心となる言語活動

　登場人物のものの見方や考え方を反映した語句の使い方に注意して読み，観点を決めて場面や登場人物の設定の仕方を捉える活動を行う。

　また登場人物の言動や表情，ものの見方や考え方などについての表現の仕方を比較して，作品を批評する活動を通して自分の考えをもつ。

　さらに芥川龍之介の『鼻』と読み比べ，登場人物の生き方等を比較し，人間の生き方について自分の考えをもつ。

②授業改善のためのアクティブ・ラーニングの視点

　小説を理解するには，まず，文脈に即して語句を的確に捉え，場面や登場人物の設定などを正しく読み取ることが求められる。その上で，登場人物の言動や表情から心情を読み取り，それについて自分の考えをもって読み深めていく。

　しかし，将来にわたって本を読むことを楽しむには，自分なりの視点をもって内容を客観的，分析的に読み，人間の生き方や社会のあり方などについて自分の考えをもつクリティカルな読みが重要となる。

　そのために，本単元では教科書教材と他の教材を，自分なりの視点を見つけて読み比べ，そこから見えてくる人間のものの見方や考え方，生き方について自分の考えをもつという学習を中心に授業を構成した。さらに，根拠を明らかにして友達と意見を交流させる活動を通して，生徒が主体的に本を読み味わおうとする態度を育てたい。

③観点に応じた指導のポイント

・書き手の意図や登場人物のものの見方，考え方を反映した語句の使い方に注意し，観点を決めて場面や登場人物の設定の仕方を捉えるよう指示する。**（知識・技能）**

・登場人物の言動，表情，ものの見方などの表現を比較したり，登場人物の立場に立って考えたりすることを通して心情やテーマについて考えるよう助言する。**（思考・判断・表現）**

・芥川龍之介の『鼻』と読み比べ，登場人物の設定や表現の仕方について比較し，作品中の人間の生き方について自分の考えをもつよう助言する。**（思考・判断・表現）**

・学び合いや意見の交流を通して，自分の考えを深めることを助言する。**（主体的に学習に取り組む態度）**

5．単元の指導計画

時	学習活動	指導上の留意点	主な評価規準と評価方法
1	・「複数の小説を比較して，『人間とは○○な生きものである』と表現してみよう」という単元の目標を提示する。 ・『高瀬舟』の前半を読み，場面や登場人物の設定について表にまとめる。 ・登場人物の生活ぶりや考え方を比較して「大いなる懸隔」とは何かについて考える。	・場面や登場人物の設定の仕方に着目して小説を読み比べ，人間の生き方について○○という言葉で表現するという学習全体の目標を明確にする。 ・『高瀬舟』の文脈における語句の意味を捉え，登場人物の態度や境遇を読み取らせる。 ・喜助と庄兵衛の生活の仕方や考え方を比較して表にまとめさせる。 ・「大いなる懸隔」についてワークシートに書かせる。	・文脈における語句の意味を理解している。（知）【ノート】 ・登場人物の設定の仕方を捉え，内容を理解している。（知）【ワークシート】 ・喜助と庄兵衛を比較して，両者の共通点と相違点に気付いている。（思）【ワークシート】 ・課題について学び合おうとしている。（主）【観察】
2	・『高瀬舟』の後半を読み，弟殺しについて，弟の立場で捉え直してみる。 ・前半の喜助の態度を踏まえて，弟を殺したときと高瀬舟に乗っているときの喜助の心情の変化を考える。 ・庄兵衛の喜助に対する見方の変化に気付く。	・弟の行動の理由や言動，表情から，弟の心情の変化を捉えさせる。 ・喜助の行動と心情，その後の態度を読み取り，現在の喜助の心情を考えさせる。 ・喜助と庄兵衛の心情について意見を交流させる。	・事件の背景や実際について喜助と弟の視点に立って読み取っている。（知）【ワークシート】 ・喜助の心情の変化に気付いている。（思）【ワークシート】 ・進んで意見を交流しようとしている。（主）【観察】
3 （本時）	・場面や登場人物の設定等について，『高瀬舟』と比較しながら『鼻』を読む。 ・共通することがら等を見つけ，「人間とは○○な生きものである」と表現してみる。 ・「人間とは○○な生きものである」という表現についてそう考えた理由も含めて，友達と意見を交流する。 ・グループでまとめて，短冊に書く。 ・「人間とは○○な生きものである」について，グループの考えを発表する。 ・授業を通して考えたことや感想，今後，読んでみたい本について書く。	・観点を決めて，『鼻』の文章に印やアンダーラインを付けさせる。 ・登場人物のものの見方や考え方から両作品に共通するテーマを考えさせ，○○にあてはまる言葉と根拠をワークシートに書かせる。 ・意見を交流させ，グループでまとめた考えを短冊に書かせ，根拠もあげさせる。 ・「○○」を書いた短冊を黒板に掲示し，グループごとにそう考えた理由を発表させる。 ・今回の学習を振り返らせ，今後の読書につなげるようにさせる。	・作品を比較して『鼻』の場面や人物の設定の仕方の特色を捉えている。（知）【ワークシート】 ・二作品に共通するテーマを考え，「人間とは○○な生きものである」と表現している。（思）【ワークシート】 ・他者の意見を，自分の考えに役立てようとして聞いている。（主）【観察】

6. 本時の指導案（3時間扱いの3時間め）

1. 目標

・場面や登場人物の設定の仕方について『高瀬舟』と『鼻』を読み比べ，人間の生き方等について自分の考えをもつ。

・作品の理解をもとに，「人間とは〇〇な生きものである」と表現する。

・他者と意見を交流させ，自分の考えを深めようとする。

2. 評価規準／評価方法

・場面や登場人物設定の仕方の違いを比較し，それぞれの作品の特色を捉えている。**（知識・技能）【ワークシート】**

・二作品に共通するテーマを考え，「〇〇」にあてはまる言葉を考えている。**（思考・判断・表現）【ワークシート】**

・他者の意見を，自分の考えに役立てようとして聞いている。**（主体的に学習に取り組む態度）【観察】**

3. 展開

時間	学習内容	評価規準と評価方法
導入	・本時の目標を確認し，学習の見通しをもつ。	
展開	目標　『鼻』と『高瀬舟』を読み，人間の生き方について考えよう。	
	・『鼻』をグループで読み，場面や登場人物の設定の仕方について『高瀬舟』と比較する。 ・場面や登場人物の設定の仕方について特色ある部分を見つけ，テキストにアンダーラインや印を付ける。 ・二つの作品に表れている人の価値観や生き方を考える。	・場面や登場人物設定の仕方の違いを比較し，それぞれの作品の特色を捉えている。（知）【ワークシート】
	「人間とは〇〇な生き物である」と表現してみよう。	
	・小説を通して，人間の本質や生き方について考え，「人間とは〇〇な生き物である」という自分の意見とその根拠をワークシートに記入する。 ・グループで意見を交流させる。 ・グループで選んだ「〇〇」を短冊に書いて黒板に掲示する。そのように考えた理由を説明する。 ・各グループの意見を聞き，最後に自分の考えとその理由をワークシートに記入する。	・「〇〇」にあてはまる言葉を考えている。（思）【ワークシート】 ・他者の意見を，自分の考えに役立てようとして聞いている。（主）【観察】
まとめ	・「人間は〇〇な生きものである」という表現と根拠について，全員が考えられたかを振り返る。 ・自分なりの視点を見つけて作品を味わうことができたか確認し，今後の読書に生かすようにする。	

Chapter 2　育成すべき資質・能力を踏まえた課題解決型の授業&評価モデル　103

7．指導の実際

第1時のワークシート

森鴎外『高瀬舟』ワークシート①

年　組　番　氏名（　　　　）

（目標）観点を決めて、登場人物の設定の仕方を比較しよう

1　観点を決めて、喜助と庄兵衛の人物設定を比較してみよう。

観点	喜助	庄兵衛

※（ヒント）登場人物の年齢、仕事、家族、性格や考え方などについて比較してみよう。

2　「大いなる懸隔」とはどういうことだろう。

第2時のワークシート

森鴎外『高瀬舟』ワークシート②

年　組　番　氏名（　　　　）

（目標）さまざまな登場人物の立場に立って考えよう

1　弟の言葉や態度、表情から弟の心情を考え、喜助に手紙を書いてみよう。

2　喜助の言動や表情を比べて、心情の変化を考えよう。

刃物で首を切った弟を見た時	刃物を引きぬいた時	高瀬舟に乗っている現在

3　これを弟殺しと言うのだろうかという庄兵衛の疑問に答えよう。

①これは（　弟殺しである・弟殺しではない　）

②そう考える理由

第3時のワークシート

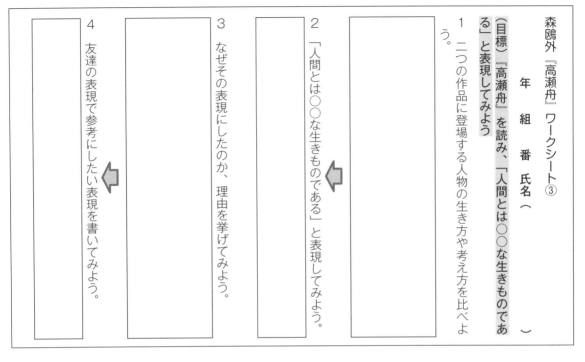

8．思考・判断の力を育てる指導の工夫と振り返り

　主体的な読みの力を養うには，内容を正確に理解するだけでなく，自分なりの観点を見つけて小説を読むことが重要である。そこで，「人間とは○○な生きものであると表現してみよう」という課題を設定し，他の作品と読み比べる中で登場人物の考えや生き方に注目して小説を読み進めるという活動を設定した。小説に描かれた場面や登場人物のものの見方や考え方，生き方を通して，自分の考えを深めさせることができると考えたからである。

　生徒が主体的に課題に取り組むため，まず，全員で課題に取り組んでいくことを確認し，友達と意見を交流させて自分の考えを深める活動を授業の中心にすえた。「観点を決めて小説を読む」という読み方の基本は，主教材を使った指導の中で全員で確認した。また比べ読みにおいては，作品のもつ特色を確認させた。学び合いを通して読解力に課題のある生徒も登場人物の考えや価値観に気付き，他者と意見を交流させることで自分の考えを表現することができた。また，多くの生徒は他者の意見を聞くことでさらに深く考え，鴎外や芥川の他の作品も読んでみようという意欲が生まれた。これらの活動は，生徒の主体的な学びを作る上で，有効なものといえるだろう。

　さらに主体的な読書を広げていくために，生徒が自ら複数の作品を選択して読み比べる活動へと展開させていきたい。将来にわたって読書を楽しむ生徒を育てる読書指導の工夫が今後の課題である。

（鈴木　裕子）

第3学年

4

文語詩の言葉の響きやリズムを味わい，自分の思いをこめて朗読しよう

| 初恋（文語詩のリズムや言葉を捉える） | 光村・東書・教出・三省 |

1. 単元の目標

①日本の伝統的な言葉の響きやリズムについて理解し，文語詩の内容を捉える。

②詩の構成や内容について，厳選された言葉の響き，七五調のリズム，隠喩表現などと，詩の内容の関わりを捉える。

③人物の心情について自分の考えをもち，意見交換することによって自分の考えを再形成する。

④文語詩の言葉の響きやリズムを大事にするとともに，詩の構成や内容について考え，工夫して朗読しようとする。

2. 単元の概要と教材の特徴

　本教材は，島崎藤村『若菜集』の中の一編で，日本の近代詩出発点というべき抒情豊かな文語定型詩である。流行語等に見られるような言葉の変化のめまぐるしい現代社会にあって，日本語の伝統的な定型詩のリズムの心地よさを感じさせたり，文語表現の豊かな叙情性を体験させたりすることは，日本語の美しさを再発見させる有効な活動である。また，内容の理解を通して生徒自身で言語生活を豊かにしようとする主体的な態度を養うことができる授業を展開する。生徒は，文語に対する抵抗がある反面，七五調の調べは百人一首などでなじみがある。言葉の響きや七五調のリズム，比喩表現，厳選された語句などから『初恋』の詩の表現の特徴に気付かせたい。また「われ」の心情や「われ」が「いつ『こひしけれ』と言っているのか」を考えさせることで，朗読の仕方を工夫する主体的な活動につなげるようにする。

3. 評価規準

知識・技能	思考・判断・表現	主体的に学習に取り組む態度
・日本の伝統的な言葉の響きやリズムについてその特徴を理解している。 ・『初恋』の内容や叙情性を捉えることができる。	・詩の構成や内容，言葉の響きやリズム等の効果について自分の考えをもっている。 ・詩をどのように朗読するか，自分の考えをもっている。	・文語詩の言葉の響きやリズムを味わい，自分の思いを反映させて詩を味わっている。 ・意見交換によって他の意見も取り入れながら工夫して朗読しようとしている。

4．アクティブ・ラーニングの視点及び言語活動と評価のポイント

①単元の中心となる言語活動

　文語文の「朗読」の言語活動については新学習指導要領では第２学年〔知識及び技能〕に「作品の特徴を生かして朗読するなどして，古典の世界に親しむこと」とある。本単元では第３学年での既習事項を基に，十分な内容理解の上でどのような思いをこめて文語詩を「朗読」するのかを明確にさせて朗読させたい。

　島崎藤村の文語定型詩『初恋』について，詩の構成や内容について理解し，言葉の響きやリズム，隠喩等の効果について気付かせる。また，「われ」の心情や，いつ「こひしけれ」と言っているのかなどについて考え，どのような思いで朗読するかについての「意見交換」も取り入れる。その上で朗読の練習をするという言語活動を行う。

　朗読の練習をする際には，単に言葉の響きや七五調のリズムを味わうだけでなく，そこにどのような思いを込めて朗読するかを意識させた学習活動が大事であると考える。

②授業改善のためのアクティブ・ラーニングの視点

　詩を朗読するという活動では，正確な内容理解ができていないと，表現の工夫が不十分なものとなる。難解な語句の理解を誤ったために全く異なった解釈となることもある。よってワークシートなどで支援しながら，叙述の読みを正確に行うことが大事である。言葉の響きや七五調のリズムから感じるものは，生徒によって異なる。できるだけ生徒の感覚を大事にする。

　また，韻文の場合は詳細に書かれていない分だけ，散文よりもより自由な想像が可能である。そこで，主体的な学びを重んじ，班による意見交換の場を設け，対話的な学びに取り組む。さらに，「この詩は『われ』がどの時点で書いたのだろう」という課題について考えさせることで，生徒の多様な考えを引き出し，結果として「思考力・判断力」を育成する主体的な学びとすることができる。さらには意見を交流し，広めたり深めたりすることで生徒の対話的な学びとなると考える。

③観点に応じた指導のポイント

・日本の伝統的な言葉の響きやリズムについてその特徴を整理させる。**(知識・技能)**

・文語詩『初恋』の構成や内容を捉えさせ，詩の叙情性を感じさせる。**(知識・技能)**

・詩の構成や内容について捉えさせ，言葉の響きやリズム，隠喩等の効果について考えさせる。**(思考・判断・表現)**

・詩を自分なりにどのように朗読するか考えさせる。「われ」の心情などについての意見交換を通して，自分の考えを再形成させる。また，文語詩の言葉の響きやリズムを生かし，朗読の工夫をするよう指示する。**(思考・判断・表現)**

・意見交換によって他者の意見も参考にしながら，朗読を工夫するよう助言する。**(主体的に学習に取り組む態度)**

Chapter 2　育成すべき資質・能力を踏まえた課題解決型の授業＆評価モデル　**107**

5．単元の指導計画

時	学習活動	指導上の留意点	主な評価規準と評価方法
1	・「言葉の響きやリズムを味わい，自分の思いをこめて朗読しよう」という学習の見通しをもつ。 ・教師による範読を聞き，詩を読んだ感想を書く。この初恋は成就したのかどうかを考えてみる。	・詩についての既習事項を振り返らせるとともに，学習全体の見通しをもたせる。 ・七五調のリズムが分かるようにゆっくりと範読する。この時点で，この初恋が成就したのかどうかを質問しておく。（学習の前はほとんどの生徒が，この初恋は実らなかったと答える）	・学習の見通しをもち，意欲的に範読を聞いたり，メモをしたりしている。（主）【観察】
	・既習事項の確認をする。文語定型詩であることや七五調であることを確認する。	・文語定型詩であることや詩の表現方法にはどのようなものがあるか，また五七調や七五調について復習させる。	・日本の伝統的な言葉の響きやリズムについてその特徴を理解している。（知）【ワークシート】
	・難解語句，文語表現の分からない点についてワークシートを使って確認する。	・ワークシート１の下段に脚注を入れ，個人でもある程度意味がわかるようにする。	
	・詩の構成について起承転結の四つの連から成ることを確認する。	・おおよその意味を考えながら読ませる。四つの連がそれぞれ起承転結の構成に成っていることに気付かせる。	・『初恋』の構成について捉え，詩の内容や叙情性を捉えている。（知）【ワークシート】
	・それぞれの連の内容から，『初恋』の展開について確認する。 ・授業の最初に，この初恋は悲恋であると答える生徒がほとんどであったが，表現から成就していることを確認する。	・第一連で少女との出会い，第二連で恋の始まりを意識したこと，第三連では時間が飛躍し恋が成就したこと，第四連では恋の高揚感が書かれていることを確認する。	・四つの連を読み，恋の展開について，気付きを発表している。（思）【挙手発表・ワークシート】
2 （本時）	・朗読の工夫について考える。 ・言葉の響きやリズムという観点で特徴だと気付いたことをワークシートに書く。	・言葉の響きやリズムについて考える際は，音読しながら考えるとよいことをアドバイスする。気付いたことをワークシートに書かせる。	・詩の構成や内容について考え，言葉の響きやリズム，隠喩等の表現の効果について自分の気付きを書いている。（思）【ワークシート】
	・言葉の響きやリズムという観点で気付いたことを学級全体で発表し合う。	・できるだけ多くの気付きを発表するように促す。	
	・詩の内容を考えた上で，どんな工夫をして朗読をするか，まず各自で考える。	・自分なりの朗読の仕方を考えた上で，班で交流させる。	・詩を自分の考えに基づいてどのように朗読するか，「われ」の心情などについて交流し，自分の考えを再形成している。（思）【ワークシート】

・班で交流する中で，どのような朗読がよいかさらに考える。	・単に朗読の仕方を述べ合うのではなく，理由を添えて話したり，共通点や違いから，友人の意見に対して共感したり，アドバイスをし合うようにさせる。	・文語詩の言葉の響きやリズムを生かし，自分の思いを反映させた朗読をしようとしている。（思）【観察・ワークシート】
・さらに，「われ」が最後に「こひしけれ」と言っているのはいつだろうかと考え，その結果を朗読の工夫に加える。	・今「われ」はどの時点にいるのかを考えさせることで，さらに表現の工夫を付け加えさせる。	・交流によって他の意見も参考にしながら，主体的に工夫して朗読している。（思）【ワークシート】
・朗読の工夫についてワークシートに記入する。 ・朗読する ・朗読の練習をする。個人練習した後，二人組・四人班で練習する。 ・代表者が朗読をする。	・観点を加えることで朗読の仕方についての学びを深めさせる。 ・できるだけ朗読の練習回数が多くなるように配慮する。 ・朗読の前に「朗読の工夫」について発表させるようにする。	・互いに朗読を聞いて言葉の響きやリズムを味わおうとしている。（主）【ワークシート】

6. 本時の指導案（2時間扱いの2時間め）

1. 目標

・登場人物の心情を捉え，自分の思いをこめた朗読をする。

・朗読の工夫について交流し，自分の思いを再形成する。

・言葉の響きやリズムを味わい，自分の思いをこめて主体的に朗読しようとする。

2. 評価規準／評価方法

・『初恋』という詩をどのように朗読したらよいか考え，自分の思いを反映させた朗読の仕方を工夫する。**（思考・判断・表現）**【観察・ワークシート】

・交流によって，朗読の工夫に関する自分の思いを再形成する。**（思考・判断・表現）**【ワークシート】

・朗読を通して言葉の響きやリズムを味わおうとしている。**（主体的に学習に取り組む態度）**【ワークシート】

3. 展開

時間	学習内容	評価規準と評価方法
導入	・本時の学習の目標を確認し，授業の見通しをもつ。	
	目標　言葉の響きやリズムを味わい，詩の世界を自分なりに解釈し，思いをこめて朗読しよう。	

Chapter 2　育成すべき資質・能力を踏まえた課題解決型の授業＆評価モデル　109

展開	・言葉の響きやリズムに留意して,『初恋』を音読し,特徴や気付いたことをワークシートにメモする。 ・言葉の響きやリズムに留意して気付いたことを学級全体で発表し合う。	・詩の構成や内容について考え,言葉の響きやリズム,隠喩等の表現の効果について自分の気付きを書いている。(思)【ワークシート】
	・詩の内容を考えた上で,どんな工夫をして朗読をするか,まず各自で考える。 ・班で交流する中で,どのような考えによって朗読をするか,どんな朗読の工夫がよいかについてさらに考える。	・文語詩の言葉の響きやリズムを味わい,自分の思いを反映させ,朗読を工夫している。(思)【観察・ワークシート】
	「『われ』が最後に『とひたまふこそこひしけれ』と言っているのはいつどこだろうか」と考えた上で,朗読の工夫を再形成する。	
	・「われ」が最後に「こひしけれ」と言っているのはいつだろうかということについてまず個人で考え,その後交流して深め,その結果を朗読の工夫に反映させる。 ・朗読の工夫についてワークシートに記入する。 ・朗読する。 ・朗読の練習をする。個人練習した後,二人組・四人班で練習する。 ・代表者数名が朗読をする。	・交流によって他の意見も参考にしながら,自分の考えを深めている。(思)【ワークシート】 ・互いに朗読しながら言葉の響きやリズムを味わおうとしている。(主)【ワークシート】
まとめ	・本時の授業を振り返り,目標を達成できたかを確認する。	

7. 指導の実際

第2時の板書例

目標　言葉の響きを味わい、詩の世界を自分なりに解釈し、思いをこめて朗読しよう。

一　響きやリズムについて
　A（例）リンゴ＝かわいらしい響き、明るい、清楚、色白で頬が赤いイメージの君・・・・
　B（例）七五調なめらか、優雅、こころなきやかかるときはまろやか

二　詩の内容から
　C（例）第三連は恋の成就の場面なので、恥じらうように楽しげに読む。
　第四連は、実際には少女は誰が最初に通ったか知っているのに聞いている。少しおどけているように感じられるよう、明るく朗読する。
　第一連は少し緊張感をもって朗読する。

追加課題＝「われ」が「こひしけれ」と詩を読んでいるのはいつか、と考えて、さらに朗読の工夫を考えよう。

※左端にはスクリーンを設置し本文を提示する

第2時のワークシート

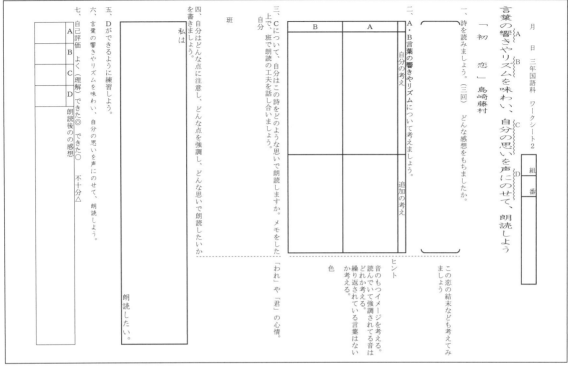

8．思考・判断の力を育てる指導の工夫と振り返り

　アクティブ・ラーニングの視点からの授業改善には，「深い学びの過程の実現」「対話的な学びの過程の実現」「主体的な学びの過程の実現」のそれぞれについて，どのように取り入れていくかが重要である。

　本学習では，「深い学び」として，既習事項である文語表現の特徴や詩の鑑賞で学んだ表現方法などを振り返った上で，思考・判断・表現する場面を設定している。朗読の際の工夫を考えることを通して思考力・判断力・表現力等を育成する。

　「対話的な学び」としては生徒同士で朗読する際に工夫しようとする点を，その理由とともに話し合わせることによって，自分のものの見方や考え方をさらに深める学習活動を行う。

　また，「主体的な学び」では，新たな発問「『われ』はどの時点で『こひしけれ』と言っているのか」という，多様な考えが許容される発問を用意し，交流することによって生徒に主体的に自分の考えを再形成させる。これによって，朗読の工夫の幅が広がるとともに「主体的かつ深い学び」が達成される。

　終末の振り返りの場面では，自己評価とともに，思いをこめた朗読ができたかどうかについて相互評価も用いる。主体的な学びを実感することで，「藤村の他の詩を読んでみたい」「詩を暗唱してみたい」などという新たな目標をもつようになると考える。

（駒田　るみ子）

第3学年

5

文章を読み比べ，筆者の主張をもとに自分の考えを深めよう

作られた「物語」を超えて	光村図書

1．単元の目標

①語句の使い方や表現の工夫などに注意しながら読み，論理の展開を捉えて文章の内容や筆者の主張を理解する。

②二つの文章の筆者の考えを比較し，作られた「物語」に対する身近な事例を見つけ，それに対する自分の考えをもつ。

③他者との交流を通して考えを広げ，自分の考えを深めることに役立てようとする。

2．単元の概要と教材の特徴

　本単元では，主教材において基礎的な読み取りをした後，主教材と副教材とを読み比べる学習活動を設定している。論理の異なる筆者の主張を読み比べることで，生徒は安易に筆者の主張に染まらず，自分の考えをもつことにつながると考える。

　また，他者との意見交流を通して考えを深めさせ，自分の意見を文章にまとめる際に役立たせたいと考えた。生徒自身に単元の最初と最後で自分の考えがどのように変化したのかを確認させ，学習を振り返る契機としたい。

　主教材では，筆者が長年にわたって研究した成果として調査からわかったゴリラの生態が記されており，人間によって作られたイメージとは異なるゴリラの姿を知ることができる。筆者はこのことを例にあげ，自然や動物，さらには他者に対する人間の視点が誤解に満ちていると述べている。筆者は真実を知ることでこの作られた「物語」を超え，新しい世界と出会えるとしている。序論・本論・結論というわかりやすい構成のもと，ゴリラの生態を例にあげながら，最後の段落に筆者の主張がまとめられている。論理の展開を捉えながら，興味をもって読み進められる教材である。

　副教材では，生徒が身近に感じられる血液型の話題を提示し，人間の無意識の思い込みによって，誤解が生まれていることに焦点を当てた。文章の最後はあえて主教材の筆者の意見と対立させる形にし，生徒の思考を刺激することを意図している。

3. 評価規準

知識・技能	思考・判断・表現	主体的に学習に取り組む態度
・文脈における語句の効果的な使い方に気付き，表現上の工夫に注意して読むことができる。 ・文章（主教材）の構成を捉え，具体例に基づく筆者の考えを読み取っている。	・副教材を読み，二つの文章を読み，筆者の考えを比較し，自分の考えをまとめている。 ・体験や身近な例を基に，自分の考えを深めるとともに，意見を文章にまとめている。	・作品のテーマに関心をもち，意欲的に課題に取り組もうとしている。 ・他者との意見交流を通し，多様な考えに気付くとともに，自分の考えを深めようとしている。

4. アクティブ・ラーニングの視点及び言語活動と評価のポイント

①単元の中心となる言語活動

　新学習指導要領第3学年「読むこと」の指導事項には「エ　文章を読んで考えを広げたり深めたりして，人間，社会，自然などについて，自分の意見をもつこと」とある。本単元では，まず，文章中の語句の意味や表現の工夫に注意しながら，文章の内容や筆者の考えを正確に読み取る活動を行う。次に主教材と副教材とを読み比べ，それぞれの筆者の考えを理解した上で自分の考えをもち，他者との意見交流を行う。以上の二段階の学習を踏まえ，単元の最後には社会的な出来事や身近な具体例を挙げながら，作られた「物語」に対する自分の考えを深め，文章にまとめるという活動を行う。

②授業改善のためのアクティブ・ラーニングの視点

　ＡＬの視点は二つある。一つ目は学習形態に変化をもたせることである。個人で考える時間を十分確保し，形成した考えをもとに他者との意見交流をさせ，最終的にまた個人で思考するという活動を取り入れる。生徒は対話的な深い学びで，自らの考えを広めたり深めたりすることになる。他者との意見交流は，自身の考えを見つめ直すのに有効な方法である。

　二つ目は主教材と副教材を比べ読みさせるという手法を取り入れたことである。説明的文章を主体的に学習するためには，生徒が作品のテーマに関心をもち，文章の内容を評価したり吟味したりして，筆者の述べていることについての意見をもつことが大切である。本単元においては主教材と主張の異なる副教材を導入し，比べ読みの活動を行った。これにより生徒は思考を巡らせ，多角的な視点で物事を捉えることができた。

③観点に応じた指導のポイント

・文脈における語句の効果的な使い方や表現上の工夫に注意しながら，文章の内容や筆者の考えを読み取るように指導する。**（知識・技能）**

Chapter 2　育成すべき資質・能力を踏まえた課題解決型の授業&評価モデル　113

・主教材と副教材を比べて読み，二つの文章における筆者の考えの共通点や相違点を理解し，その上で自分の意見を形成させる。**(思考・判断・表現)**

・体験や身近な例等を示しながら，自分の意見をわかりやすく文章にまとめさせる。**(思考・判断・表現)**

・他者との学び合いや意見交流を通し，多様な考えに気付かせ，自分の考えを深めさせる。**(思考・判断・表現)**

・作品のテーマに関心をもたせ，一人一人を，意欲的に課題の解決に取り組めるよう支援する。**(主体的に学習に取り組む態度)**

5．単元の指導計画

時	学習活動	指導上の留意点	主な評価規準と評価方法
1	・「文章を読み比べ，筆者の主張をもとに自分の考えを深めよう」という目標を確認する。 ・作品のテーマに関して興味，関心をもつ。 ・グループで通読し，文脈で使われている語句の意味を確認する。 ・初発の感想を書く。	・初発の感想が「おもしろかった」「特になし」などの単純なものにならないよう，考える観点を板書する。	・文脈における語句の意味を理解している。(知)【ワークシート】 ・文章の内容を理解している。(知)【ワークシート】 ・課題について意欲をもって学ぼうとしている。(主)【観察】
2	・文章（主教材）の構成を捉え，内容を整理しながら，具体例に基づく筆者の考えを読み取る。	・学習の前に構成などの既習事項を確認する。	・文章（主教材）の構成を捉え，内容や筆者の考えを読み取っている。(知)【ノート】
3	・副教材を読み，筆者の主張を読み取る。 ・主教材と副教材におけるそれぞれの筆者の意見を整理する。 ・課題に対する自分の考えとその理由をワークシートに記入し，意見を交流する。	・自分の意見を書くときに，そう考えた理由も併せて書くように助言する。	・副教材を読み，筆者の主張を正確に捉えている。(知)【ワークシート】 ・二つの文章における筆者の考えを比較し，自分の考えをまとめている。(思)【ワークシート】 ・他者の意見を聞き，自分の考えに役立てようとしている。(主)【観察】
4 (本時)	・第3時の学習で考えた自分の意見をもとに，社会で起こっている出来事や，自分の経験を振り返りながら，考えを深める。 ・ワークシートに記入した具体例をもとにしながら，作られた「物語」に対しての自分の意見を書く。	・自分が無意識のうちに間違った思い込みから他者を傷つけている可能性に気付かせる。	・体験や身近な例を根拠にあげ，自分の考えを深めるとともに，意見を文章にまとめている。(思)【観察・ワークシート】
5	・第4時で書いた意見文を互いに読み合い，感想を交流する。 ・第1時の感想と意見文を読み比べ，自分の考えが深まっていることを確認する。 ・単元全体の学習を振り返る。	・グループで読み合ったり，クラス発表させたりして，意見や感想を交流させる。	・他者との意見交流を通し，多様な考えに気付くとともに，自分の考えを深めようとしている。(主)【観察・ワークシート】

6．本時の指導案（5時間扱いの4時間め）

1．目標

・身近な例や自分の体験を振り返り，考えを深め，自分の意見を文章にまとめる。

2．評価規準／評価方法

・体験や身近な例を根拠に挙げ，自分の考えを深め，意見を文章にまとめている。（**思考・判断・表現**）【**観察・ワークシート**】

3．展開

時間	学習内容	評価規準と評価方法
導入	・前時の学習を復習し，本時の学習に繋げる。 ・本時の学習の目標を確認し，授業の見通しをもつ。	・意欲的に本時の課題に取り組もうとしている。（主）【観察】
展開	目標　作られた「物語」に対する自分の意見をまとめよう。	
展開	・前時の学習で考えた自分の意見をもとに，社会で起こっている出来事や，自分の経験を振り返りながら，考えを深める。	
展開	（1）人間の思い込みや誤解が生じている身近な出来事を探そう。	
展開	・身の周りで起こっている具体的な出来事をあげる。 ・グループ，クラス全体で意見を共有する。 　※自分の思い込みや誤解によって，無意識のうちに他者を傷つけている可能性があることに気付く。	
展開	（2）他の人の勝手な思い込みや誤解が原因で傷ついた経験を思い出そう。	
展開	・自分が相手からの誤解（勝手な決めつけ）で傷ついた経験をあげる。 ・グループ，クラス全体で意見を共有する。 　※（1）とは反対の立場になっていることに気付く。	・第3時の学習を踏まえ，視点を変えて考えることで，自分の考えを深めている。（思）【観察・ワークシート】
まとめ	これまでの学習を通して，作られた「物語」に対する自分の考えを書こう。	
まとめ	・単元で学習したこととワークシート（1）（2）の具体例をもとにしながら，作られた「物語」に対しての自分の意見を書く。 ・本時の授業を振り返り，目標を達成できたかを確認する。	・体験や身近な例を根拠にあげ，自分の考えを深めるとともに，意見を文章にまとめている。（思）【観察・ワークシート】

Chapter 2　育成すべき資質・能力を踏まえた課題解決型の授業＆評価モデル　115

7. 指導の実際

第1学年
第2学年
第3学年

【副教材】血液型と性格

齋藤　真弥子

皆さんの血液型は何型だろうか。

しばしば血液型による性格診断が話題に上ることがある。例をあげると「A型は慎重で几帳面」「B型はマイペースで楽天家」「O型はおおらかでロマンチスト」「AB型は個性的で探究心旺盛」といった分類だ。あなたの性格はこの分類に当てはまっているだろうか。

また、友人や知人の血液型を聞いて、「□□さんがA型なんて意外だね〜」「●●さんはB型のイメージにぴったり」「私はO型の人としか結婚しない」という極端な意見を耳にしたこともある。個人的には「私はO型の人とか」などという会話により、覚えがある人も多いだろう。

最近になって血液型と性格の関連性に統計学上で意味のある違いがないことがわかってきた。

しかしながら、科学や医学、心理学の分野で研究が進んでいるとか、当てはまっていないとかで盛り上がる。科学的根拠がないものを信じ込み、血液型つまり、今のところ、血液型診断を裏付ける科学的根拠は存在しない。現時点では血液型は性格（気質）には直接的な影響を与えないと考えざるを得ないのだ。

けれども、前述したように、私たちは日常の会話の中で相手の血液型を聞き、その血液型が本人の性格に当てはまっているとか、当てはまっでその人の性格の一片を判断しようとしている。

このように、根拠のないことを信じ、それを本当のことのように思い込んでしまう。そして、それが誤解だとわかった後でさえ、なかなか考えを改めることができないのだ。

これは何も血液型に限ったことではない。

人間は何かとステレオタイプで物事を捉えがちである。「あの人は〇〇だから……」と無意識のうちに決めつけてしまう人も少なくないだろう。それはどこかに帰属させると安心するという人間の心理が働いてのことなのかもしれない。

しかし、勝手なイメージで作られた「物語」は誤解を招き、ときに悲劇をもたらしてしまう。そのことを知っていながら、結局のところ、私たちは作られた「物語」の中からそう簡単には抜け出せないのである。

第3時のワークシート

作られた「物語」を超えて

組　番　氏名（　　　）

本時の目標　二つの筆者の意見を比べて、自分の意見をもとう。

【自】評価【　　　】

(1) 主教材と副教材の筆者の主張をそれぞれまとめよう。

(2) 作られた「物語」は超えられるだろうか。あなたの考えと理由を書こう。

【生徒解答例1】私は作られた「物語」は超えられると考える。なぜなら、一人ひとりが相手を理解しようとする気持ちをもち、本やインターネットを利用すれば正しい知識を手に入れられるからだ。

【生徒解答例2】私は作られた「物語」を超えるのは難しいと考える。なぜなら、人間は一度思い込んでしまったことを変えるのは容易ではなく、差別や偏見など、今でも完全になくなってはいないからだ。

(3) 意見交流を通して、他者の意見について思ったことや気付いたことをメモしよう。

(4) 意見交流を終えて、あらためて自分の考えについて気付いたことなどを書こう。

第４時のワークシート

作られた「物語」を超えて

組　番　氏名（　　　　）

本時の目標　作られた「物語」に対する自分の意見をまとめよう。

（1）人間の思い込みや誤解が生じている身近な出来事を探そう。【自己評価】

【例】人種差別、いじめ、LGBTの問題、HIVに対する認識　など。

（2）他の人の勝手な思い込みや誤解（決めつけ）が原因で傷ついた経験を書こう。

【例】
・男女の違いのこと（男らしくない、女らしくないなど）。
・兄弟のこと（お兄ちゃんだからしっかりしなさいなど）。

（3）今回の単元の中で学んだことを踏まえ、（1）（2）の例を用いながら、作られた「物語」に対するあなたの考えを四百〜六百字程度の文章にまとめよう。

8．思考・判断の力を育てる指導の工夫と振り返り

　本単元の第３時・第４時の学習内容は「思考力・判断力・表現力等」の育成に重きをおいた活動である。第３時では比べ読みの学習活動を取り入れ，意図的に主教材と異なる筆者の主張を提示した。生徒の深い思考を誘うことをねらい，一時的に二項対立の図式を作った。これにより進んで考えがもてない生徒の意見を引き出す効果もねらっている。

　第４時では第３時の学習を深化させることが目標である。これまでの学習や対話的な学びである意見交流を活かし，自分の考えを意見文にまとめる学習を設定している。ここでの指導のポイントは，「生徒が自分の思い込みや誤解によって，無意識のうちに他者を傷つけている可能性があることに気付かせること」また，「傷つけられている側の立場の視点でも考えられるようにすること」である。生徒の考えが二項対立の図式に留まることなく，多角的な切り口での意見が出てくるよう仕組みたいところである。

　振り返りについては毎時間ごとに本時の目標が達成できたかを自己評価させ，目標を意識させるとともに成就感を味わわせるようにする。そして，単元の学習後は初読の感想と意見文とを生徒自身に比べさせ，自らの考えが深まったことに気付かせたい。主体的な深い学びを実感させることによって意欲を高め，次の国語学習へ繋げるものとする。

（西塔　麻美子）

第3学年

6

芭蕉はなぜ旅に出たのか
～ジグソー学習から作者の心情を読み取る～

| 夏草―「おくのほそ道」から | 光村図書 |

1. 単元の目標

・『おくのほそ道』を読んで，旅に対する芭蕉の心情を読み取る。
・『おくのほそ道』において描写されている情景との関連性を捉え俳句を味わう。

2. 単元の概要と教材の特徴

　『おくのほそ道』は第3学年では定番の古典教材であり，特に冒頭部分「月日は百代の過客にして」は，全ての教科書に掲載されている。しかし，文章に表れる芭蕉の旅への渇望が一体何に起因しているのか，教師の解説なしで文章から読み取ることは難しい。また，ほとんどの生徒たちは「旅」というものの経験も多くなく，また芭蕉の旅と現代の旅行との違いも理解しにくい。芭蕉の俳諧に対する思いや古人への憧憬を重ね合わせることも容易ではない。そこで本単元では冒頭部分を主たる教材として用いながら，「飯塚」「松島」「須賀川」といった芭蕉の心情が表れている他の6ヶ所の文章の情報を重ね合わせ，芭蕉の心情を深く読み取っていく学習活動を設定している。芭蕉の心情により深く迫ることで，『おくのほそ道』という作品全体への理解を深めさせていく。

3. 評価規準

知識・技能	思考・判断・表現	主体的に学習に取り組む態度
・古典の文章から，事実や出来事を読み取ることができる。 ・文語文を読むきまりに即して，内容を捉えることができる。	・人物の心情について叙述を基にして想像することができる。 ・複数の文章に共通している芭蕉の思いを捉えることができる。	・文章中の特徴ある表現や俳句の精選された表現に関心をもっている。 ・俳句を自分なりに鑑賞しようとしている。

4．アクティブ・ラーニングの視点及び言語活動と評価のポイント

①単元の中心となる言語活動

　中心となる言語活動は，第4・第5時で行うジグソー班での発表である。第2時・第3時で行ったエキスパート班での学習活動で，生徒たちはそれぞれが担当する文章について内容を理解し，一つのテーマに沿って意見を交換し合い，その結果を10分という時間内で伝えられるよう構成を組み立てる。ジグソー班では，自分が担当する文章について知っている人は他に誰もいない。初読のときに自分を含むエキスパート班のメンバーがどこに疑問点をもったのか，どこを中心に解説すれば相手にわかりやすいのか，テーマの本質に迫る情報と，そうではない情報はどれか，エキスパート班で出た意見の相互の類似点や差異点，自分がそれに抱く疑問点や意見はどのようなものか，などの様々な観点を考えながら，時間内でいかにわかりやすく伝えられるかについて考えなければならない。また学習を支える基本的な言語活動としては，文章から作者の心情を読み取る，自分の意見をまとめる，グループで意見を交換し合うことなどが挙げられる。

②授業改善のためのアクティブ・ラーニングの視点

　本事例では『おくのほそ道』から抜粋した6つの文章から，「芭蕉が旅に出た理由は何か」という一つのテーマに沿って情報を集め，分析し統合するという課題を設けている。講義型の授業によって，一つ一つの文章について教師が解説を行い，クラス全体の理解度を高めていくことも可能だが，それでは個々の生徒が抱いた疑問や意見を生かせない，学習に対しての内発的な動機付けをすることが難しくなる。そこでジグソー学習を中心としたグループ活動を組み入れ，個の学習からグループ学習へ移り，そして個の学習へ戻るという流れの中で，プレゼンテーションや対話，意見交換を通して自分自身の意見を深化させていけるように学習活動を設定した。また，学習の過程で生まれた疑問点についても，教師が安易に答えを与えることはしない。生徒には初見の原文と現代語訳が提示されるが，作者の心情理解というテーマに辿りつくための前提知識，例えば歌枕や発句といった言葉の意味や，西行と芭蕉との関係，そして文章の歴史的背景などについても解説はせず，答えを自分自身で調べ，見つけさせるようにする。また，単元の最初には目標とアウトラインの確認，そして最後にはリフレクションを行い，自分の学習過程を認識させメタ認知をはかるようにしている。

③観点に応じた指導のポイント

・古文の原文や現代語訳から，事実や出来事を読み取らせる。**（知識・技能）**

・古文から読み取った情報を元にして，作者の心情を想像させる。**（思考・判断・表現）**

・意見の妥当性・重要度を判断し，目標に沿った情報の取捨選択をするように指導する。**（思考・判断・表現）**

・相手意識をもち，自分の意見を説明するように指導する。**（思考・判断・表現）**

Chapter 2　育成すべき資質・能力を踏まえた課題解決型の授業＆評価モデル　**119**

・様々な資料や他者の意見・自分の過去の意見等を比較し自分の考えを再構築するように助言する。**（思考・判断・表現）**
・目標に沿った意見交換や対話をするために質問や意見交換を積極的に行うよう助言する。**（主体的に学習に取り組む態度）**

5．単元の指導計画

時	学習活動	指導上の留意点	主な評価規準と評価方法
1	・本単元の目標と，学習全体のアウトラインを確認する。 ・出典を確認し，『おくのほそ道』の概要について理解する。 ・冒頭文を読む。解説を受け，内容を理解した後に，なぜ芭蕉は旅に出たいのか，その理由を想像し200字に意見をまとめる。	・単元目標「芭蕉が旅に出た理由について心情を読み取ろう」 ・教師からの解説は，次時からの学習をふまえて，読み取りに必要な最低限のものにとどめる。	・冒頭文における作者の心情について説明した文章が書ける。（知）【ワークシート】
2	・クラス全体を6つのグループに分け，「蘆野」「須賀川」「飯塚」「松島」「尾島」「最上川」の担当に分かれる。原文・現代語訳をそれぞれ個人で読む。 ・文章を読んだ上での疑問点と，「芭蕉が旅に出た理由」について個人で考え，書きとめる。 ・グループに分かれ，歴史的仮名遣いに注意しながら原文の音読をする。 ・グループで疑問点を挙げあい，共有する。	・グループで挙げられた疑問点について，単元目標に沿う重要度から優先度をつける。「どの疑問から解決すれば，答えに近付けるのか」優先度の高い疑問から調べていく。 ・次時までに語句についてなどの単純な疑問については役割分担をし，答えを調べてくる。	・古典の文章から，事実や人物の心情を読み取ることができている。（知）【ワークシート】 ・相互作用的に知識・情報を扱おうとしている。（主）【ワークシート】
3	・調べてきた疑問の答えを共有する。答えが見つからなかったものについては，改めて図書館の本を使って調べる。 ・「芭蕉が旅に出た理由」についてフリーディスカッションを行い，グループの意見をまとめ，個人で発表できるように整える。	・調べ学習に入るため，図書館で行うのが望ましい。 ・根拠となる現代語訳と，該当する原文の部分について線を引かせる。	・意見や主張の妥当性や情報の重要度が判断できている。（思）【ワークシート】
4	・1・2時のグループ【エキスパート班】からそれぞれ1人ないし2人を集めたグループ【ジグソー班】を編成し，それぞれのグループで挙げられた「芭蕉が旅に出た理由」について順に発表を行う。 ［発表内容］ ①プリントの配布と現代語訳の紹介。 ②グループでの意見を発表。根拠となる現代語訳・原文についての紹介。 ・他のメンバーは，ワークシートに発表をメモし，自分の意見などを書きとめていく。	・クラスによって人数が異なるため，グループの人数や能力の偏りが極端に出ないよう，あらかじめ教師がジグソー班を決めておくことが望ましい。 ・発表は10分を目安に行い，この時間は最初の4班（蘆野・須賀川・飯塚・松島）の発表を行う。	・構成や表現を工夫しながら，クラスメイトが理解できるように事実や意見を説明している。（思）【観察】 ・他者とコミュニケーションをはかり，建設的な意見交換や対話をしようとしている。（主）【観察】
5 （本時）	・残り2班の発表を行う。 ・冒頭文に表れる芭蕉の心情について，あらためて200字でまとめる。 ・単元の学習全体を通して，個人のリフレクションを行う。	・前時の続きである2班（雄島・最上川）の発表を行う。 ・本単元の振り返りを行い，次の学習へつなげる。	・冒頭文における作者の心情について解説した文章が書けている。（思）【ワークシート】

６．本時の指導案（５時間扱いの５時間め）

１．目標

・冒頭文の旅に向けた芭蕉の心情を読み味わい，解説した文章を書く。

２．評価規準／評価方法

・冒頭文における作者の心情を読み取り，それを解説した文章が書けている。**（思考・判断・表現）【ワークシート】**

３．展開

時間	学習内容	評価規準と評価方法
導入	・本時の目標を確認する。単元のまとめとなる，最後の学習時間であることを認識させる。	
	目標　旅に向けた芭蕉の心情を読み取ろう。	
展開	・ジグソー班に再び分かれ，前時の続きである２班（雄島・最上川）の発表を行う。	
	雄島・最上川の文章から読み取れる，芭蕉が旅に出た理由について考えよう。	
	［発表内容］10分 ① 「雄島」「最上川」担当の生徒は，現代語訳を読みながら内容について解説する。エキスパート班で出た文章への疑問点やその答えについても，課題の本質に関わるものから順に，時間内で可能な範囲で説明する。 ② この文章から読み取れる「芭蕉が旅に出た理由」について，根拠になる現代語訳・原文についてあらためて紹介しながら，グループの意見を発表する。ジグソー班の他のメンバーは，ワークシートに発表をメモし，自分の意見などを書きとめていく。 ③ 発表に対する質疑応答，意見交換を行い，文章への理解を深める。 ・教科書に掲載されている冒頭「月日は百代の過客にして」をもう一度読む。各グループからの発表をふまえながら，おくのほそ道の旅に出発する際の芭蕉の心情についてあらためて200字でまとめる。	・冒頭文における作者の心情について解説した文章が書けている。（思）**【ワークシート】**
	冒頭文から，旅に向けた芭蕉の心情を読み取ろう。	
まとめ	・単元の学習全体を通して，個人の振り返りを行う。 ・第１時に想像して書いた文章と比較してどのように内容が変わったか。２種類のグループ学習を通して，芭蕉の心情への理解度がどれぐらい深まったか。 ・『おくのほそ道』という作品について，また芭蕉という人物に対してどのような意見をもったか。 ・さらに知りたいこと，学習してみたいことは何か。 ・本時の授業を振り返り，目標を達成できたかを確認する。	

話すこと・聞くこと

書くこと

読むこと

言語

Chapter 2　育成すべき資質・能力を踏まえた課題解決型の授業＆評価モデル　121

7. 指導の実際

　第2時・第3時に行うエキスパート班でのグループ学習では，各生徒の能力や積極性などによってそれぞれのグループの到達度が異なってしまうため，教師はグループの学習状況を見ながら適宜アドバイスを与えていく。第4時・第5時のジグソー学習では，個々の生徒の能力や積極性などによって，それぞれのグループの理解度に差が出てしまう恐れがある。生徒の様子によっては，最終課題である冒頭文における心情読解に移る前に，教師の簡単な解説をはさんだほうがよい。授業を行った上での課題としては，学習活動の中心を芭蕉の心情理解としたため，俳諧の理解が浅くなってしまったことが挙げられる。それぞれの芭蕉の句の読解を中心にした授業案も今後考えていく必要がある。また，「芭蕉が旅に出た理由」の一つの答えとして，『笈の小文』の「旅の腑」に，芭蕉が旅に感じる魅力について記されている。今回はあえて使わなかったが，資料として紹介することも考えられる。

蘆野（あしの）から読み取れる、「芭蕉が旅に出た理由」を考えよう。

【原文】

　また、清水流るるの柳は蘆野の里にありて、田の畔に残る。この所の郡守戸部某の「この柳見せばや」など、おりおりにのたまひ聞こえたまふを、いづくのほどにやと思ひしを、今日この柳の陰にこそ立ち寄りはべりつれ。

　田一枚　植えて立ち去る　柳かな

【現代語訳】

　また、「清水流るる」と（西行が）和歌に詠んだ柳は蘆野の里にあり、田の畔道に残っている。ここの領主である戸部なにがしという人が、私に「この柳を見せたい」など、折にふれておっしゃっていたのを、「どこの辺りにあるのだろうか」と思っていたのだが、今日ついにこの柳のかげに立ち寄ることになったのだ。

　[これが西行の立ち寄った柳かと感動していると、目の前の田では田植えが行われている。自分も手伝って田を一枚植え、西行への思いから現実にもどりその場を立ち去った。]

■課題1　「文章を読んだ上での疑問点を挙げてみよう」

【自分】

1　西行とは誰か？
済
4　田を一枚植えるとはどんなことか？

2　だれを手伝ったのか？
3　なぜこの場に戸部なにがしという人は一緒にいないのか？

【グループ】

5　「清水流るる」とはだれの言葉か？
6　なぜ芭蕉は田を一枚植えたのか？
7　西行と芭蕉はどんな関係だったのか？
・芭蕉はこの柳を見ることを目的として蘆野に立ち寄ったのか。

■課題2　「この部分から読みとれる、芭蕉が旅に出た理由を考えよう」

【自分】（例）

　知人から聞いた名所を、実際に目で見るため。和歌に詠まれたものを見て自分の想像と比べるため。

【グループ】（例）

　憧れていた西行が歌に詠んだ「清水が流れる柳」を実際に見たかったから。

　「少しの間と思っていたが、あまりにも心地が良くてしばらく立ち止まってしまった」という行動を自分もやってみたかったため。憧れの歌人と同じ状況に立ち、自分も句を詠んでみたかったため。

122

8．思考・判断の力を育てる指導の工夫と振り返り

　第2時・第3時のグループ学習においては生徒に自分の意見や主張の妥当性や情報の重要度を判断させたい。

　第2時では，担当する文章について個人で挙げた疑問点をもちより，どの疑問から解決すれば，課題である「芭蕉が旅に出た理由」の答えに近づくことができるのか，まずはそれぞれの疑問の優先度を判断させる。例えば「蘆野」においては，「群守戸部某はどのような人物か」という疑問は，芭蕉の心情には直接関係がなく優先度が低い。しかし「引用されている『清水流るる』という西行の歌はどのような内容なのか」，「西行と芭蕉はどのような関係なのか」，そして「芭蕉が田を一枚植えて立ち去ったのはなぜか」という問いは，この場面における芭蕉の心情を理解する上で欠かせない疑問であり，重要度が高い。このように，課題の解決にあたってどのような道筋で疑問を解決していけばよいのか，情報の重要度を判断する能力を育てたい。

　また，グループ学習でのフリーディスカッションでは，「芭蕉が旅に出た理由」について意見交換を行い，グループ全体で意見を交流していく。その際，単なる想像ではない客観性・一般性のある根拠に基づいた，妥当な意見や主張ができるように資料などを生かすよう助言する。

　第4時・第5時のプレゼンテーションにおいては10分という時間制限のあるプレゼンテーションにおいて，盛り込むべき情報とそうでない情報の区別をし，相手意識をもった発表の構成ができるように助言する。事前に発表の準備をしていたとしても，本番は目の前にいる聞き手の興味や理解度に合わせ，柔軟に発表の内容を変えていかなくてはならない。その際に強調するべき情報は何か，切り捨てる情報は何かを判断できる力を育てたい。

　中学校における古典の授業は少ない教材を読むことに終止することが多いが，それでは『おくのほそ道』全体を流れる芭蕉の思いを捉えることは難しい。多くの資料を基にできるだけ長く読ませることで芭蕉の思いに近づけさせたい。そのための手立てとしてジグソー学習を取り入れている。時間の関係で全員の生徒がすべての資料を詳しく読めないのでそれを補う方法としての学習形態である。生徒は複数の資料を分担して読み，その中から芭蕉の思いに近づくことができるのである。

（堀江　さやか）

【執筆者一覧】

田中　洋一（東京女子体育大学）

大橋　　里（八王子市立由木中学校）

安河内良敬（中野区立中野中学校）

勝田　敏行（足立区立鹿浜菜の花中学校）

蓑毛　　晶（杉並区立中瀬中学校）

杉田あゆみ（武蔵野市立第二中学校）

木村　朱美（台東区立浅草中学校）

小林　真弓（羽村市立羽村第二中学校）

石川俊一郎（北区立田端中学校）

白石　典子（世田谷区立梅丘中学校）

渋谷　頼子（府中市立府中第五中学校）

磯部　博子（府中市立浅間中学校）

片山　富子（世田谷区立尾山台中学校）

加藤　則之（八王子市教育委員会）

鈴木　太郎（東京都教育庁）

鈴木　裕子（元興南学園中学校）

駒田るみ子（墨田区立両国中学校）

西塔麻美子（荒川区立原中学校）

堀江さやか（淑徳与野中・高等学校）

〈編集協力者〉

石川俊一郎（北区立田端中学校）再掲

山口　　茂（国立市立第三中学校）

【編著者紹介】

田中　洋一（たなか　よういち）

東京女子体育大学教授。

横浜国立大学大学院修了，専門は国語教育。

東京都内公立中学校教諭を経た後，教育委員会で指導主事・指導室長を務め，平成16年より現職。この間，中央教育審議会国語専門委員，全国教育課程実施状況調査結果分析委員会副主査，評価規準・評価方法の改善に関する調査研究協力者会議主査などを歴任する。平成20年告示学習指導要領中学校国語作成協力者，光村図書小・中学校教科書編集委員，21世紀国語教育研究会会長。

〈主な著書・編著書〉

●小学校国語関係

『小学校　古典指導の基礎・基本』『観点別学習状況の評価規準と判定基準　小学校国語』（以上図書文化社）『小学校「古典の扉をひらく」授業アイデア24』『思考力・活用力を育てる　説明文プラスワン教材　比べ読みの授業プラン』（以上明治図書）等

●中学校国語関係

『中学校国語科　新学習指導要領詳解ハンドブック』『中学校国語科　国語力を高める言語活動の新展開　全4巻』『中学校国語科　新しい教材と視点で創る古典の授業』『中学校国語科教科書新教材の授業プラン　全2巻』（以上東洋館出版）『光村図書ライブラリー・中学校編　全5巻』（光村図書）等

中学校国語科
主体的・対話的で深い学びを実現する
授業＆評価スタートガイド
―新しい観点を取り入れた資質・能力を育む指導―

2017年12月初版第1刷刊　©編著者	田　中　洋　一	
2021年4月初版第3刷刊	発行者　藤　原　光　政	

発行所　明治図書出版株式会社
http://www.meijitosho.co.jp
（企画）林　知里（校正）足立早織
〒114-0023　東京都北区滝野川7-46-1
振替00160-5-151318　電話03(5907)6703
ご注文窓口　電話03(5907)6668

＊検印省略　　　　組版所　株式会社カシヨ

本書の無断コピーは，著作権・出版権にふれます。ご注意ください。
教材部分は，学校の授業過程での使用に限り，複製することができます。

Printed in Japan　　　　ISBN978-4-18-145915-4

もれなくクーポンがもらえる！読者アンケートはこちらから →

全文掲載＆各教科のキーマンのピンポイント解説！

平成29年版 中学校学習指導要領
全文と改訂のピンポイント解説

大杉昭英 編

資質・能力を核にした大改訂の学習指導要領を最速で徹底解説！

- A5判
- 272頁
- 本体1,800円＋税
- 図書番号 2728

目次

Ⅰ章	中学校学習指導要領（全文）
Ⅱ章	総則・教科・領域改訂のピンポイント解説 総則：大杉昭英／国語：髙木展郎／社会：棚橋健治／数学：清水宏幸／理科：田代直幸／音楽：山下薫子／美術：福本謹一／保健体育：日野克博／技術：古川　稔／家庭：橋本　都／外国語：金子朝子／特別の教科　道徳：柴原弘志／総合的な学習の時間：村川雅弘／特別活動：吉村功太郎
付章	幼稚園教育要領，小・中学校学習指導要領等の改訂のポイント

〔知識及び技能〕〔思考力，判断力，表現力等〕〔学びに向かう力，人間性等〕の３つの柱で再整理された大改訂の新学習指導要領について，各教科・領域のキーマンが徹底解説！全文掲載＆各教科のピンポイント解説で，新しい学習指導要領がまるわかりの１冊です。

各教科のキーマンによるポイント徹底解説。

全文＆要点解説で新学習指導要領のポイントがまるわかり！

資質・能力をベースとした大改訂の学習指導要領を最速で徹底解説！

明治図書

携帯・スマートフォンからは **明治図書ONLINEへ** 書籍の検索、注文ができます。▶▶▶

http://www.meijitosho.co.jp　＊併記４桁の図書番号（英数字）でHP、携帯での検索・注文が簡単に行えます。

〒114-0023　東京都北区滝野川7-46-1　ご注文窓口　TEL 03-5907-6668　FAX 050-3156-2790